ÊTRE MIEUX AU TRAVAIL

Collection dirigée
par Marie-France Vigor

NOTE DE L'AUTEUR

Dans le souci du respect du secret professionnel et de la vie privée, les prénoms – dans les exemples donnés – ont été changés.

NOTE DE L'ÉDITEUR

La plupart des situations pouvant concerner indifféremment des hommes ET des femmes ont été rédigées au masculin, utilisé comme un « neutre », pour éviter que des (e) ne parsèment tout le texte. Avec nos regrets : la grammaire française n'est pas plus égalitaire que la rémunération du travail.

Luce Janin-Devillars

ÊTRE MIEUX
AU TRAVAIL

Comment s'épanouir dans son métier...
ou en changer !

DU MÊME AUTEUR

Changer sa vie, La Martinière et Pocket, 2001 et 2003.
Ces morts qui vivent en nous, Fayard, 2005.
Remettre le travail à sa (juste) place, avec C. Viot,
  Hachette, 2009.

Ouvrages collectifs

Les Sources de la honte, Desclée de Brouwer, 1994.
La Lutte des places : insertion et désinsertion, EPI 1995.

© Éditions Michel Lafon, 2011
11-13, boulevard Paul-Émile-Victor – Île de la Jatte
92521 Neuilly-sur-Seine Cedex
www.michel-lafon.com

À Bruno qui pense, avec Pierre Dac,
que « Le travail, c'est la santé…
Mais à quoi sert alors la médecine
du travail ? »

SOMMAIRE[1]

---

1. Pour plus de précisions, voir la table des matières détaillée p. 245.

INTRODUCTION

La plupart d'entre nous croyons que notre histoire professionnelle, le choix d'une filière, d'un métier, relèvent du hasard, de concours de circonstances, plus rarement d'une vocation. Dans ce cas, lorsque notre vie active ne correspond pas à ce dont nous avions rêvé, nous n'aurions qu'à nous résigner ou nous révolter contre ce « destin ». Et de fait, quand nous subissons une vie de travail pénible, sans intérêt, sans éclat et mal payée, de plus, nous avons tendance à incriminer la fatalité. « Je n'ai pas le choix, c'est comme ça », affirmons-nous.

De même, quand nous sommes heureux de nos choix, des études que nous avons suivies ou de notre réussite d'autodidacte, nous attribuons généralement cette réussite à la chance. Nous sommes « nés sous une bonne étoile » ou « tombés au bon moment »... Même si nous pensons quand même l'avoir mérité un peu (nous avons été bons élèves, nous possédons de bonnes qualités...), le véritable sens de notre existence professionnelle, là, maintenant, nous échappe en grande partie.

Résultat : que nous soyons satisfaits ou non de notre travail, il nous arrive de souffrir de situations qui nous paraissent incontrôlables, et sur lesquelles nous avons la désagréable impression de ne pas avoir de prise. Exactement comme si nous étions pris dans un filet, privés de pensées, d'idées et de désirs.

En réalité, la conjoncture économique, les choix stratégiques ou sociaux des employeurs ne dictent pas seuls nos évolutions de carrière ou nos échecs. Nous sommes moins démunis que nous le pensons. Mais il nous manque des pistes. Celles qui nous permettraient de mieux réfléchir sur nous-mêmes afin de comprendre pourquoi et comment nos difficultés du moment – ou du moins la façon dont nous les vivons – peuvent provenir de notre histoire personnelle. C'est ce que je vous propose de découvrir tout au long de ce livre. Ainsi, vous serez en mesure de mettre en résonance votre parcours scolaire, réussi ou pas, votre trajectoire professionnelle jusqu'à aujourd'hui, avec ce dont vous avez vraiment besoin. Là où vous travaillez actuellement, ou ailleurs. Le but est que vous puissiez examiner votre situation différemment, peut-être même l'accepter telle quelle, mais avec des atouts en main pour l'améliorer ou la reconstruire si nécessaire.

RETROUVER LE SENS DE NOS ACTES

Pour y parvenir, vous devez donc mieux vous connaître et décrypter le sens de vos décisions... ou de votre absence de décisions ! Cette meilleure connaissance de soi est en elle-même un vrai travail.

Pour les scientifiques spécialistes du comportement (behavioristes), ce qui compte, c'est seulement ce que nous réalisons consciemment : nos actes, nos idées, nos pensées. Sans jamais nous interroger ni recourir à l'introspection, ni essayer de comprendre les motivations profondes de ce que nous faisons. Or, il n'existe qu'un moyen pour donner du sens à notre parcours, amoureux, familial ou professionnel, c'est de faire du lien. C'est-à-dire mettre bout à bout et rattacher toutes les séquences, comme un cheminot le ferait avec les wagons d'un train. En tête de convoi, il y a la locomotive avec son moteur, son carburant, et des commandes complexes que gère un spécialiste, le conducteur – exactement comme notre cerveau anime nos pensées et nos désirs, nos actions, nos choix, nos paroles. Avec toutefois une différence de taille : le conducteur du train connaît parfaitement sa machine et ses rouages, il sait combien il y a de wagons derrière lui et ce qu'ils contiennent. Une feuille de route précise a programmé la vitesse de son véhicule, les arrêts, leur durée. Il connaît par avance les dangers du parcours, les obstacles éventuels ont été étudiés de longue date. Bref, il sait d'où il vient et où il va.

Rien de tel pour un être humain. Certes, il peut décrire, en principe, la plus grande partie de son histoire. Mais il est néanmoins confronté à des oublis, à des « blancs », par exemple ce qu'on a omis de lui raconter « pour son bien ». Des erreurs de dates, des défaillances de sa mémoire l'empêcheront de retracer cette histoire d'une façon absolument linéaire et objective, à l'instar de la boîte noire d'un avion. Quand il pense, quand il parle, quand il agit, quand il imagine faire un choix réfléchi, une partie de ses propos, de ses actes et de ses décisions sont portés par des éléments inconscients.

LA BOÎTE NOIRE...

Le cerveau humain est souvent appelé la « boîte noire » en raison de l'extrême complexité de son activité. La plupart des chercheurs avouent ne bien en connaître que le fonctionnement concret, matériel. Ainsi, par exemple, est-on capable de repérer, grâce à des appareils de mesure sophistiqués, la « trace » de la pensée à l'intérieur du cerveau. Cependant, aucun outil n'a réussi jusqu'ici à découvrir à quoi pense un sujet qui se prête à cette expérience. En somme, la trace de la pensée n'est pas la pensée. De surcroît, à l'intérieur de la boîte noire humaine, il existe une zone encore plus opaque et la plupart du temps inaccessible, sauf dans les rêves à condition de savoir les interpréter ou en faisant une psychothérapie : c'est l'inconscient, un espace clos, saturé d'informations, d'images, de pulsions et d'émotions, de souvenirs bons ou mauvais, de traumatismes apparemment oubliés. Tel un feu couvant sous la cendre, il anime et soutient notre manière de vivre, de penser, de nous exprimer, de « choisir » notre vie. Y compris au travail.

Et dans un contexte économique aujourd'hui très tendu et éprouvant, ces émotions, ces traumatismes et ces pulsions inconscientes nous rendent encore plus vulnérables au stress. Raison de plus pour tenter de les identifier, afin d'évoluer sans trop de difficulté dans une société moins attentive à nos états d'âme qu'à ses profits.

LE POLICIER ET L'ÉDUCATEUR

La boîte noire recèle aussi des instruments d'orientation très efficaces. La pulsion, par exemple, est cette tendance permanente, repérée par les psys et généralement inconsciente, qui dirige les individus quelle que soit l'idée qu'ils se font de leur comportement. Les personnes qui possèdent de fortes pulsions agressives se retrouvent volontiers dans l'armée, la police, ou la conduite d'un chantier où il faut « savoir gérer les hommes ». Et elles affirmeront que c'est l'amour de la justice, de l'ordre ou leur caractère autoritaire qui a motivé leur « vocation ». En réalité, elles ne font que répondre d'une manière socialement adaptée à une poussée interne, non reconnue par la conscience, qui les amène à batailler de façon honorable à leurs propres yeux et à ceux de l'entourage. C'est-à-dire à poursuivre les délinquants ou à encadrer et contraindre d'autres hommes et femmes, eux-mêmes soumis à des pulsions puissantes. Tandis que d'autres individus, qui ont gardé la nostalgie d'une enfance idéale ou, au contraire, subi des maltraitances, pourront se diriger vers les métiers de l'éducation, de l'accompagnement des enfants et des jeunes en général.

*
* *

Autrement dit, infime est la part de notre pensée, de nos opinions, de nos actions, de nos activités qui n'a pas été influencée de façon décisive par notre parcours d'enfance, les usages « maison » et les injonctions parentales. Ces éléments peuvent expliquer nos réussites et nos échecs professionnels. Mais là se trouvent aussi les clés de nos souffrances dont certaines peuvent être évitées, de nos comportements sur lesquels nous pouvons agir, de nos rapports avec les autres. Pour la psychanalyste que je suis, l'être humain se situe à la croisée de facteurs biologiques, psychiques et sociologiques. Son hérédité, ses relations interpersonnelles, son milieu et son environnement ont constitué les déterminants de son existence. Chacun peut en prendre conscience pour en tirer ensuite le meilleur parti. Que vous soyez caissière ou cadre sup', fonctionnaire, artisan ou de profession libérale, vous avez tout à gagner à dénouer les fils souvent complexes qui vous ont guidé jusqu'à l'adulte que vous êtes devenu. C'est seulement ainsi que vous pourrez libérer les nœuds qui vous enserrent, et réussir à « être mieux » au travail, entre autres. Le but de ce livre est de vous y aider.

1

AVEZ-VOUS CHOISI
VOTRE MÉTIER ?

LES INFLUENCES FAMILIALES

Pour vivre une existence professionnelle harmonieuse, gagner ou retrouver du bien-être au travail, vous devez commencer par mettre en parallèle votre expérience professionnelle concrète – études, choix d'une filière, d'un métier... et la manière dont ces choix se sont élaborés à l'origine. Avez-vous suivi les traces de vos parents en reprenant leur activité ? Avez-vous au contraire décidé de changer radicalement d'orientation ? Les études que vous avez faites ont-elles été plus ou moins suggérées par votre famille ou sont-elles le fruit de votre propre volonté ? Mais avez-vous eu la possibilité de suivre des études ? Le désintérêt pour l'école ou les moyens modestes de vos parents peuvent aussi vous avoir empêché de réaliser vos rêves. Vous vous êtes alors « rabattu » sur un travail qui vous permet juste de vivre. En oubliant complètement que vous aviez des rêves. Ou en passant votre vie à regretter ce que vous n'avez pas pu faire.

Mieux évaluer votre héritage

Il ne suffit pas d'avoir conscience de tout ce qui vous a influencé pour envisager les choses autrement. Il faut comprendre pourquoi et en quoi vous avez été influencé.

Pour la psychanalyse, tout l'homme est contenu dans sa libido, c'est-à-dire la recherche instinctive du plaisir et de sa satisfaction, en particulier la satisfaction sexuelle, mais pas seulement. Pour un psychanalyste, peu importe qu'enfant vous ne mangiez guère à votre faim à cause de la situation de vos parents, et que vous fassiez toujours attention à la nourriture malgré vos moyens actuels. Il essaiera de vous entraîner sur le chemin de l'oralité, de la relation à la mère. Avez-vous été nourri au sein ou au biberon ? À quel âge avez-vous été sevré ? Comment avez-vous réagi ? Dans la psychanalyse, l'accent est mis sur le désir, les fantasmes, l'angoisse de castration. Celle-ci ne signifie pas que l'individu craint de se faire châtrer, mais qu'il a peur d'être empêché de faire tout ce qu'il veut. En psychanalyse, tout être humain est régulièrement confronté à un conflit intérieur qui l'amène à se sentir mal – indépendamment de ce qui se passe dans sa vie réelle. Ce conflit, qui ne repose pas sur des faits présents, est appelé *intrapsychique* : c'est la lutte du moi, conscient et inconscient, contre le ça, sombre, insondable, irrépressible... Le « ça », deux petites lettres pour désigner un ressenti avec lequel nous n'arrivons pas à dire « je ». « Ça m'a fait mal », « Ça ne passe pas », « Ça m'a fait chaud au cœur ». Pourquoi ne dirions-nous pas, tout simplement, « J'ai mal » ou « Je n'arrive pas à avaler » (ce mot, cette attitude), « Je me sens réchauffé par cette nouvelle » ? Parce que, sous la sensation que nous éprouvons consciemment, se mêlent des éléments inconscients, des ressentis indicibles au vrai sens du terme : on ne trouve pas les mots pour exprimer un « en plus » douloureux ou agréable.

Avec la sociologie, autre façon d'étudier l'humain, c'est la fabrication de l'identité sociale qu'on recherche. L'individu se résume à l'incarnation « bio mentale » d'une classe, d'une culture : vos ressentis intérieurs, conscients ou inconscients ne comptent pas vraiment. Ni la manière dont vous avez construit votre relation affective avec vos parents, puis avec votre famille au sens large (amis, communauté d'idées). Pour étudier votre caractère, votre comportement (le mental), la sociologie considère d'abord le fait que vous soyez un garçon ou une fille (le biologique), et la classe socioculturelle à laquelle vous appartenez : fils ou fille d'agriculteurs, d'ouvriers, de cadres... Pour la sociologie, les difficultés matérielles rencontrées dans votre enfance sont le moteur même de votre personnalité actuelle. Par exemple, si vous êtes issu d'une famille modeste qui a privilégié l'école et les études, mais pas la possession de biens matériels, vous aurez peut-être du mal à réclamer le salaire qui vous revient. Même si vous avez grimpé dans la hiérarchie. Vous êtes prisonnier d'une sorte de

« complexe de classe » où il est naturel de trimer sans gagner beaucoup d'argent.

Dans ces deux méthodes d'analyse, vous êtes prisonnier, soit d'un « tout être » psychique, soit d'un « tout être » social. Mais il existe une troisième façon d'appréhender les choses : la socioanalyse. Elle affirme que l'être humain se situe à la croisée de facteurs biologiques, psychiques et sociologiques. Donc votre histoire personnelle – notamment votre enfance, origine sociale, éducation, manière dont les liens familiaux se sont noués pour vous – est déterminante dans l'échec ou la réussite de vos projets professionnels. Quel que soit votre statut. Et il existe autant de cas de figure que d'individus singuliers. Chacun d'entre nous est en effet pris, qu'il le sache ou non, dans un projet de vie parental (ce que ses parents ont désiré pour lui), aussi bien sur le plan personnel que professionnel. Projet auquel il a plus ou moins répondu ou dont il s'est écarté, comme nous le verrons.

Établissez votre généalogie professionnelle

Ce projet parental, pourtant, n'est pas le seul à vous avoir guidé. Une généalogie familiale a installé chaque membre de votre famille à une place singulière, pas forcément choisie. Votre place désignée dépend de votre caractère, du comportement et du métier de vos parents et ancêtres, de leur idéologie, leurs moyens matériels, leur culture... Notre généalogie représente donc une sorte d'héritage, mais aussi un conditionnement, qui produit chez chacun d'entre nous des effets inconscients sur le plan tant psychique que social. Avec d'importantes conséquences sur nos destins professionnels. Pour tenter de repérer ce qui vous a mené là où vous en êtes, vous pouvez établir un arbre généalogique appelé « génosociogramme » (voir p. 24). Vous verrez sans doute qu'il existe des fils rouges, des points communs entre les professions des membres de votre famille, même si vous n'appartenez pas à une dynastie terrienne ou industrielle ! Dans l'un de mes livres, consacré au changement, je raconte l'histoire d'un couple, Evelyne et Régis. Secrétaire et typographe, ils ont décidé d'ouvrir une enseigne de toilettage pour chiens. Ils vont découvrir, en examinant leur arbre généalogique, que ce choix apparemment lié au « hasard » se relie, en fait, à une idée forte, un mot… celui de « ciseaux » : « Le toilettage, dit Evelyne, c'est la mémoire des mains. Au bout d'un certain temps, c'est comme si elles fonctionnaient toutes seules. D'autant que, dans ma famille, on a toujours su ce qu'étaient des ciseaux. Mon grand-père paternel était coiffeur, mon père tailleur, ma mère couturière. Et notre fille a épousé un homme qui travaille dans la haute couture. »

Olivier, lui, est un cadre licencié à la suite d'un remaniement économique, et suivi dans le cadre d'un bilan de compétences. Avec ses indemnités de licenciement, il a décidé d'ouvrir une boutique de légumes bio. Pour surfer sur une bonne tendance ? En rangeant la maison de sa grand-mère, il va s'apercevoir que la mère de celle-ci tenait dans les années 1880 une épicerie de village, où elle vendait exclusivement des légumes de son jardin.

En somme, quels que soient le nom, la culture, les moyens économiques de notre famille d'appartenance, nous sommes tous des « héritiers », nous transportons des bagages. À vous d'en vérifier régulièrement le contenu afin de faire le tri. Ainsi, vous pourrez conserver ce qui contribuera à votre mieux-être au travail en vous débarrassant du reste. C'est-à-dire ce qui vous freine dans votre progression professionnelle et vous fait dire que vous ne pouvez pas faire mieux.

LE GÉNOSOCIOGRAMME

Le « génosociogramme » est issu du génogramme, un arbre généalogique schématique créé dans les années 1970 par Gregory Bateson, un psychologue américain. Il a été repris et complété par la psychosociologue française Anne Ancelin Schützenberger. C'est un arbre généalogique à réaliser de mémoire, en utilisant ses souvenirs et ceux de ses proches. Voisin de ce que Freud nomme le « Roman familial », il repose surtout sur notre imaginaire, car il reconstitue notre histoire avec nos projections, notre manière à nous de raconter la « pseudo-réalité ». Outre les naissances, décès, unions, le génosociogramme peut préciser tous les événements concernant chaque personne y figurant : maladie, rencontre importante, divorce, métier, rupture professionnelle... Ces informations permettent d'établir un lien entre tel fait familial et votre problématique actuelle. N'y aurait-il pas un fil rouge à tendre entre cet arrière-grand-père marin et votre besoin constant de voyager ? Votre grand-mère était cuisinière, est-ce pour cela que vous avez suivi une formation hôtelière ? En examinant votre génosociogramme, vous allez pouvoir noter les liens, les associations, les dissonances que vous repérerez spontanément. Votre arbre est à réaliser sur le plus grand nombre possible de générations de vos deux familles, paternelle et maternelle. Le génosociogramme offre des liens de compréhension entre des événements, des situations qui se reproduisent. Il fait aussi office de « dessin guérisseur » permettant prise de conscience et évolution[1].

« PASSE TON BAC D'ABORD »

Si on vous a longtemps harcelé avec les devoirs à faire, c'était bien dans ce premier but : « Passe ton bac ». Cette injonction des parents paraît à première vue

---

1. À lire : *La Psychogénéalogie expliquée à tous*, Isabelle de Roux, Karine Segard, Eyrolles pratique, 2007, qui reprend, avec ses schémas, les travaux d'Anne Ancelin Schützenberger référencée en fin d'ouvrage.

amplement justifiée. Si ce fameux baccalauréat ouvre de moins en moins de portes pour la vie active, il sert toujours de point de repère. Même s'il est remis en question quasiment chaque année. Il couronne l'achèvement du parcours scolaire tout en fournissant un précieux sésame pour commencer des études supérieures. Ou accéder à la fonction publique, vœu de nombreux jeunes en raison de la sécurité d'emploi qu'elle apporte encore. Alors, passer son bac – et surtout l'obtenir ! – a toujours été le leitmotiv des parents comme des enseignants, soucieux de l'avenir des élèves dont ils ont la responsabilité.

Mais le bac peut représenter aussi la « médaille » que vos parents n'ont pas pu eux-mêmes décrocher, pour des raisons variées. Ils le regrettent et ont donc compté sur vous pour « réparer » cette blessure narcissique et émotionnelle. Chaque année, on compte parmi les candidats au bac des adultes ayant atteint l'âge de la retraite. Une épreuve fièrement passée juste pour « se prouver » qu'ils pouvaient le faire. Donc, ce que vos parents n'ont pas réussi, ils vous ont demandé de le réaliser. Ce peut être aussi une manière de compenser ce qu'ils n'ont pas su vous offrir en termes d'écoute, d'accompagnement. Leurs manquements éducatifs, liés à leurs propres carences familiales (vos grands-parents n'ont pas pu les assister suffisamment), ils vous ont demandé de les « racheter » vous-même en assurant votre avenir. Vous payez alors une sorte de « dette généalogique » à leur place.

Cela dit, pour trouver un premier emploi, puis réussir, il ne suffit pas de passer le bac. La débrouillardise, le réseau, les capacités d'adaptation jouent également un rôle important. Aujourd'hui comme hier. Ces atouts dépendent eux aussi de votre biographie familiale, de votre histoire, des limites et des ambitions familiales, des freins sociaux.

LE CAS DE BERNARD

Les grands-parents et les parents de Bernard étaient épiciers cafetiers dans une petite ville du sud de la France. Ils travaillaient tous ensemble, les deux hommes aux achats et à la tenue du bar, les femmes à la vente, au tri des produits, à l'aménagement de la boutique. Très tôt, ils ont demandé à Bernard de les aider après l'école, car le commerce prenait de l'importance. Leur projet : qu'il poursuive l'affaire, la développe, l'agrandisse. Pour bien l'armer dans cette perspective, ils l'ont envoyé dans un établissement privé coûteux. Un vrai calvaire pour lui : dans cette école, il ne fréquentait que des enfants des familles bourgeoises de la ville : des fils de médecin, des filles de notaire. Le commerce de sa famille, avec sa clientèle modeste, ses consommateurs parfois avinés au bar, lui faisait honte. Il a passé son bac puis, du jour au lendemain, il s'est engagé dans l'armée sans demander leur avis à ses parents. De part et d'autre, la déception fut grande : ils ne se comprenaient plus ! Après trois ans d'engagement et de nombreux métiers (agent de sécurité, vendeur, technicocommercial), Bernard dirige maintenant le service des achats d'un hyper. Il dit : « Aujourd'hui, on s'est retrouvés. Je leur ai expliqué ma fuite et ils ont compris qu'ils ne m'avaient pas donné le choix. Ou je me sacrifiais, ou je sauvais ma peau. Le poste que j'occupe m'a réparé. Il fait une sorte de pont entre ce qu'ils attendaient et mes propres envies. »

*Le choix de Bernard ressemble à un parcours initia-
tique. Il lui a fallu abandonner ceux qu'il aimait, essayer
plusieurs activités, ne pas y trouver de satisfaction – tout
cela constitue des épreuves – avant de trouver sa voie.
Elle le ramène dans les pas de son enfance et des choix
familiaux : le commerce. Mais à sa manière à lui.*

Ce fameux *Passe ton bac d'abord* a toujours eu aussi
pour but de contrer vos dérives ludiques ou utopiques
d'adolescent, qui a bien plus envie de se passionner pour
des activités n'ayant rien à voir avec les programmes
scolaires : musique, BD, jeux vidéo, début de la vie amoureuse… Tout autant qu'un précepte, il s'agit d'une inter-
diction de s'intéresser à autre chose qu'aux études, seule
voie royale menant à la réussite financière et sociale.

QUAND L'AMOUR S'EN EST MÊLÉ

Tous les parents veulent donc voir leurs enfants
concentrés sur leur avenir professionnel, pour les raisons
que nous avons déjà évoquées. Mais il y en a une autre,
plus délicate à aborder pour eux. Pour votre père comme
pour votre mère, votre éveil sexuel fut un passage difficile. Ils auraient aimé vous garder toujours auprès
d'eux. Ce grand dadais dont la voix muait, cette coquette
qui se transformait en fashion victime, ils ne les recon-
naissaient pas. Ce n'était plus leur tout-petit, leur
« bébé » chéri qui dépendait d'eux, leur obéissait et leur
vouait une admiration sans borne. Vous vous êtes

éloigné vers d'autres bras, marquant ainsi réellement le temps qui passe et donne un sérieux coup de vieux à vos parents. Vous avez connu, comme tout le monde, cet « Autre » idéalisé qui vous a rendu encore meilleur à vous-même, sinon à votre bulletin scolaire. Il vous a magnifié, puisqu'il vous aimait, vous a comblé dans la relation sexuelle ou frustré dans l'attente. Et vous n'avez plus répondu de la même manière aux injonctions parentales, désirant enfin autre chose que leur soutien et leur affection. Ils n'étaient plus tout à fait les modèles qui, jusque-là, avaient contribué à construire votre identité.

Dès votre première « histoire d'amour », ils s'en sont émus et inquiétés. Elle peut en effet vous avoir enchaîné aux études ou vous en avoir détourné, contribuant ainsi à modifier singulièrement votre trajectoire professionnelle. Vous avez séché le lycée, vous vous êtes découvert une passion pour la mécanique ou toute autre activité par souci d'être encore mieux reconnu par l'être aimé. Des changements d'études, d'orientation, le choix de nouvelles filières surgissent souvent à la faveur d'une rencontre précoce. Doué pour les chiffres et la technique, vous avez « fait psycho » parce que la fille de vos rêves, le garçon qui vous a éb, suivait cette filière. Mais une fois votre cursus terminé, saviez-vous vraiment quelles étaient vos véritables aspirations ?

Quel que soit notre âge aujourd'hui, nous sommes tous d'anciens enfants. Nous hébergeons encore, à l'intérieur de nous-mêmes, un gamin sage ou insolent, un ado attardé, qui n'ont pas complètement évacué les rêves de notre prime jeunesse. D'où l'importance, pour ces enfants que nous avons été, mais aussi aujourd'hui pour nos propres enfants, du temps consacré à la première rencontre amoureuse. À l'émergence du désir sexuel et à ses émotions, et maintenant aux jeux vidéo qui placent le joueur en situation de héros. Pour Freud et dans le modèle psychanalytique, l'amour est d'abord une projection : « À travers toi, je me vois en cinémascope, en 3 D, en tellement mieux. » Le sentiment amoureux, l'attachement et surtout le premier amour constituent la réponse adaptative la plus fréquente au désir sexuel. L'amour vous transforme donc autant qu'il vous leurre. Et vous jetez aux orties ce sur quoi se basait jusque-là votre existence : idéaux, projets, vêtements, goûts. Pour l'autre autant que pour vous-même, vous êtes prêt à vous lancer dans des entreprises nouvelles, à saisir des opportunités inattendues. Donc, évidemment, à modifier vos orientations scolaires, universitaires ou préprofessionnelles. Or l'amour est la grande affaire des adolescents, qui en même temps se préparent à l'entrée dans la vie active : études, apprentissage…

Vous souvenir de cette époque est souvent essentiel pour mieux comprendre votre parcours professionnel, et pour améliorer celui de votre progéniture. Essayez de vous rappeler. Quel genre d'adolescent étiez-vous ? Vos résultats ont-il baissé dès que vous avez fait votre première rencontre ? L'élu de votre cœur a-t-il influencé un nouveau choix de filière ? Avez-vous laissé tomber vos études, décidé de travailler pour vivre avec elle ou avec lui ? Les choix que vous avez faits à ce moment-là vous satisfont-ils ? Il est parfois difficile de répondre simplement à ces questions. Vous croyez avoir oublié ou bien vous préférez ne plus y penser. Mais si la lecture de ces interrogations vous émeut, il est peut-être temps d'en parler à quelqu'un. Un bilan professionnel peut vous permettre d'y voir plus clair, de faire le point. Par l'intermédiaire de votre employeur, de Pôle Emploi ou d'un coach.

QUE FAIRE SI VOTRE ENFANT CONFOND HISTOIRE D'AMOUR ET CHOIX D'UN MÉTIER

❏ En cas de « vocation » inattendue et sans rapport avec le choix précédent, se demander s'il n'y a pas amour sous roche. Si le nouveau copain, la dernière copine, ne serait pas derrière ce changement.

❏ Provoquer une discussion ferme et claire sur les origines de ce nouveau projet.

❏ Exiger qu'il termine au moins l'année en cours et qu'il se renseigne sur les impératifs et débouchés du métier rêvé.

❏ En cas de maintien de la position, se résigner : cela vous évitera plus tard de subir les foudres de votre fils ou fille sous forme de « Si vous m'aviez laissé faire », « À cause de vous, je m'ennuie dans mon boulot ».

« ELLES NOUS COÛTENT CHER, TES ÉTUDES ! »

Bien travailler à l'école, faire des études... Nous savions qu'ils serineraient ce refrain pour notre bien, même si c'était parfois très pénible à supporter. Mais certains d'entre nous ont pu aussi s'entendre rabâcher une sorte de contre-proposition assez lourde à assumer : « Elles nous coûtent cher, tes études ! » Sous-entendu « tu n'as pas le droit de ne pas les rentabiliser ». Donc vous avez rentabilisé. En n'écoutant surtout pas cette petite voix qui vous disait de laisser tomber cette école de commerce... Vous l'avez faite, cette école, et elle vous a mené à ce boulot qui maintenant vous paraît tellement fastidieux. Ce que vous n'osez même pas vous avouer après tout ce que vous devez à vos parents ! Ou bien vous vous êtes dit : « Avec un bac pro, je pourrai gagner ma vie plus vite. » Et aujourd'hui, vous regrettez de n'avoir pas poursuivi au-delà. Vos parents étaient-ils particulièrement démunis, radins ? Estimaient-ils que le budget consacré à vos études aurait pu servir plutôt à changer le canapé du salon, la voiture, ou à partir en vacances aux Seychelles ? On peut bien sûr répondre en s'en tenant à une stricte réalité économique : les études pèsent lourd dans le budget familial, surtout si elles se prolongent et que les moyens financiers sont limités. Même si vous étiez doué et prometteur, cela n'arrangeait sûrement pas financièrement vos parents.

Un problème de communication

Vous avez pu entendre cette remarque comme le regret que vous n'ayez pas travaillé plus tôt, que vous restiez « à charge ». Or, dans cette remarque, ce n'est pas seulement le budget familial qui était en jeu. C'était le poids de la fatigue de vos parents, de leurs inquiétudes : « Pourrons-nous assumer nos obligations jusqu'à la fin de ses études ? » Cet engagement « alimentaire et moral » pèse comme un fardeau pour les parents dont le propre emploi n'est pas assuré. Ils se posent des questions sur un changement de poste ou le risque d'une « charrette » dans leur entreprise. Les vôtres ne cherchaient donc sans doute pas à vous culpabiliser. Mais c'est peut-être bien ce qu'ils ont réussi à faire. En effet, la communication, même lorsqu'on parle la même langue, est un exercice périlleux. Les parents pensent et disent « travail », « assiduité », l'ado entend « ne pas être à la hauteur », « ne pas être reconnu ». Et il culpabilise parce qu'il ne répond pas aux attentes de ses parents. Si ce fut votre cas, vous avez pu avoir le sentiment qu'on ne vous jugeait pas selon votre vraie valeur. Ado, vous en avez conclu, selon un mécanisme psychologique bien huilé, qu'on ne vous aimait pas assez. Devenu adulte, vous pouvez continuer à vous interroger sur votre véritable valeur. C'est le meilleur moyen, par exemple, pour ne pas oser demander d'augmentation. C'est humain. Même les adultes sont souvent incapables de mesurer ce qui se cache réellement derrière certaines remarques. Sous le discours affiché, il y a la plupart du temps du non-dit émis ou reçu, qui se reproduit au boulot de la même manière que vous l'avez vécu enfant. Ado, à partir des remarques de vos parents, vous avez conclu qu'ils ne vous aimaient pas assez. Adulte, quand votre chef vous reproche d'être régulièrement en retard, vous vous dites d'abord : « De toute façon, il ne peut pas me blairer… »

Une comparaison douloureuse

Elles nous coûtent cher, tes études ressort aussi d'autres motifs. Certains parents peuvent, sans en avoir conscience, vous reprocher de réaliser ce qu'ils n'ont pu faire eux-mêmes. Pour des êtres qui ont arrêté l'école trop tôt par obligation, il est parfois difficile de supporter la comparaison avec le statut scolaire de leurs enfants. Ils sont à la fois heureux et fiers de contribuer à un meilleur avenir pour eux, mais également frustrés de n'avoir pu bénéficier du même avantage. « Ils se sacrifient » afin que vous puissiez accomplir votre rêve, réaliser votre projet. Mais ils comparent avec regret votre situation à celle qui fut la leur. La plupart du temps inconsciente, cette frustration peut se manifester violemment. Par des phrases comme « Nous n'avons pas eu ta chance », « On n'ira pas comme ça jusqu'à la retraite », « J'espère que tu t'en souviendras ». Pour peu que vous ayez traîné sur une révision, oublié de rendre un devoir à temps, la colère, l'envie ou la jalousie émergent... Les psychothérapies familiales révèlent des remarques de parents parfois si agressives envers leur progéniture que nous n'arrivons pas à y croire. Le modèle conventionnel de la relation parents-enfants, fondé sur l'amour et le soutien inconditionnels, n'est qu'une représentation culturelle. Derrière le monde merveilleux de Walt Disney se cachent bien des avatars.

Et derrière ces reproches, ce qui se joue chez les parents est le souvenir mordant de leur propre passé. Ils ont dû quitter l'école avant le bac pour aider leur mère qui les élevait seule. Ils ont renoncé à faire des études supérieures parce qu'un bébé s'annonçait. Vous, peut-être ? Ce qui n'arrange pas votre cas ni votre culpabilité. Ou bien les études envisagées étaient très au-dessus des moyens de leur famille. Tous ces empêchements remontent en mémoire. Et, en même temps, de nombreux parents ont honte de leur envie et de leurs mauvaises pensées vis-à-vis de leurs enfants. Ils gâteront leurs petits-enfants en compensation, pour réparer le « tort » fait à la génération précédente.

CONSEILS AUX PARENTS POUR ENCOURAGER LEURS ENFANTS

S'emporter contre ses enfants parce que les études coûtent cher peut se justifier. Ils ne travaillent pas suffisamment, ils traînent, « oublient » de se réveiller le jour d'un examen important. En revanche, vous constatez qu'ils ne sont jamais en retard pour une soirée ou un week-end. Que l'ordinateur leur sert surtout à jouer en ligne et non à consulter le dictionnaire pour améliorer leur ortho-graphe. La facture de cantine, le matériel et les bouquins à acheter continuent, eux, à grever votre budget. Sans compter les transports, l'argent de poche et les jeans de marque sous peine de passer pour des parents de loser... Bref, leurs exigences financières, leur budget de ministre vous agacent. Si au moins ils travaillaient ! En fait, quand vous mettez la pression, ce n'est pas seulement votre porte-monnaie qui est en jeu. Vous essayez d'obtenir d'eux de meilleurs scores, pour eux. Raté : se plaindre du coût des études peut au contraire nuire aux résultats scolaires ou universitaires. Tout le contraire du but visé. Car la culpabilité creuse son trou chez le jeune. Il se dit que ses parents sont mécontents de lui et pas seulement de son travail. Son attention et sa concentration peuvent en pâtir car le doute, l'anxiété ne sont pas de bons assistants aux études. Mais communiquer, dire vraiment ce que l'on ressent, est une pratique délicate. « On entend ce qu'on veut bien entendre. » D'où la nécessité d'apprendre à parler vrai en essayant toujours de creuser ce qui se cache derrière nos propos de parents. Après s'être posé au moins ces quelques questions :

❑ Qu'est-ce que j'ai exactement à lui reprocher (à mon fils, à ma fille) ?

❑ Comment lui expliquer que l'argent ne tombe pas du ciel ?

❐ Pourquoi est-ce que je n'arrive pas à lui dire que, moi aussi, j'ai besoin de me détendre ?

❐ N'est-ce pas moi qui ai contribué à ce besoin de consommation incessante ?

❐ Est-ce que je n'ai pas droit, moi aussi, finalement, à un jean neuf ?

❐ Comment lui expliquer que je lui mets la pression parce que je l'aime ?

❐ Il passe son temps à jouer sur l'ordinateur, est-ce que j'ai vraiment su poser des limites ?

AVEZ-VOUS FAIT COMME VOS PARENTS ?

On s'imagine souvent qu'il suffit, pour réussir, d'être intelligent, de bien travailler à l'école, d'avoir des parents « qui se saignent aux quatre veines » ou une famille aisée qui vous envoie dans les meilleures écoles. En fait, quelles que soient vos qualités intellectuelles et votre force de travail, votre réussite ne dépend pas seulement des moyens de votre famille ou de vos talents. Ses ressorts inconscients sont beaucoup plus puissants que ça. Vos origines, votre culture et votre milieu familial ont une importance considérable dans vos choix de filière, de métier. Ces schémas d'enfance peuvent peser durablement sur vos comportements d'adulte. Vous pouvez très bien vous être mis en échec tout seul, tant par fidélité aux parents que pour vous y opposer. Prendre conscience de tels mécanismes peut vous aider à cesser de les reproduire.

S'empêcher de réussir pour eux

Si vous venez d'une famille modeste, des difficultés économiques et un environnement familial peu stimulant ont bien sûr pu vous empêcher de faire des études. Mais vous avez peut-être aussi été victime des « loyautés inconscientes » qui contribuent à l'échec scolaire. Car mener à bien votre scolarité, passer des diplômes ou des concours, c'est aussi vous couper de votre famille d'appartenance.

LE CAS DE LAETITIA

Laetitia, cinquante ans, est d'origine italienne. Ses grands-parents étaient des journaliers, des travailleurs agricoles qui ne possédaient pas de terres, du côté de Monte Cassino. Son père est arrivé en France à seize ans. Il est devenu maçon, comme de nombreux immigrés italiens de son époque. Il a trimé dur et fini par monter son entreprise. Mais il est resté un homme rustre, ne parlant toujours pas bien le français. Pourtant, il a eu à cœur que sa fille unique poursuive des études. Laetitia est... professeure de français ! Agrégée, elle dit : « Je me suis tellement éloignée de mes parents, surtout de mon père ! Ma mère est française de souche mais surtout plus fine, à l'écoute. L'obsession de mon père, quand on passe un dimanche ensemble, c'est de me demander combien je gagne. Comme si avoir tellement travaillé – pour moi bien sûr mais aussi pour lui plaire – se résumait au contenu de ma feuille de paye. Cela m'agace, il le voit, ça le blesse. Résultat, la journée se traîne, nous ne savons plus quel sujet aborder. »

Laetitia souffre de la situation car pour elle, la réussite ne se mesure pas seulement au salaire. En découvrant la culture, la puissance des livres, le plaisir du langage, elle a su donner leur juste place au matériel et au monde de l'esprit. Son père, au contraire, a bâti sa réussite sur du concret. L'argent qu'il a gagné a laissé des traces sur ses mains de maçon. Ils pourraient se comprendre en faisant un pas l'un vers l'autre, en misant sur l'affection réciproque plutôt que sur l'amertume. Mais est-ce encore possible ? Rien ne permet de l'affirmer. Parfois, un événement important, agréable ou douloureux, peut changer la donne : une naissance, une maladie, un deuil.

Donc vous, ou un autre, si vous aviez réussi comme Laetitia dans une profession valorisée, en étant devenu un cadre important, un chef d'entreprise reconnu ou un intellectuel, vous ne parleriez plus tout à fait la même langue que vos parents. Vous auriez fréquenté des gens différents : votre vocabulaire, vos tournures de phrases, vos intonations, votre accent auraient changé. En revenant chez vous, dans le quartier ou au village, vous vous seriez retrouvé en panne d'idées et de conversations au bout d'un moment, en dépit du plaisir (mutuel) de revoir les vôtres. Le contentement des uns et des autres se serait mêlé à la gêne. De quoi pourrait-on parler ? Vous ne vous comprendriez plus. Et vous auriez en même temps le sentiment de perdre pied car vos racines vous manqueraient. En conséquence de quoi, vous n'avez pas « réussi » !

Dans certains cas, le hiatus entre famille d'appartenance et carrière visée semble si important qu'il va entraîner des « accidents » dans votre parcours scolaire ou professionnel. Au moment de passer un examen crucial ou de devenir responsable de votre service, par exemple, vous allez commettre des erreurs grossières. En ratant une épreuve scolaire pourtant bien préparée. En sabotant involontairement votre tâche. En ayant un petit accident de la circulation qui remettra à plus tard votre promotion. Ou en tombant malade. En psychanalyse, cela s'appelle des « actes manqués ». Il s'agit de la réalisation d'un désir inconscient, plus important que votre volonté apparente. En la circonstance, ces accidents de vie sont comme des paroles de fidélité qui diraient à vos parents : « Vous voyez, je n'irai pas plus loin que vous, je vous remercie de votre aide mais je n'ai pas envie de vous quitter. » Essayez de retrouver toutes les situations où vous avez échoué, dans lesquelles vous êtes encore en échec, et demandez-vous si objectivement vous n'auriez pas dû réussir. Pour ne pas rater la prochaine occasion qui se présentera.

COMMENT AMÉNAGER LOYAUTÉ FAMILIALE ET RÉUSSITE

Quand vous devenez « savant », que vous fréquentez des personnes « importantes », très différentes de vos parents, vous avez parfois honte de votre réussite face à eux. Vous êtes gêné par leur propre manière de vivre, de s'exprimer. Au lieu de vous mettre à leur portée, de leur expliquer simplement avec enthousiasme ce que vous faites, vous vous fermez. Ne pensez pas qu'ils ne vont pas comprendre, la parole est votre meilleur outil. Si vous avez réussi, ce n'est pas seulement grâce à leurs sacrifices. C'est aussi grâce à leur ouverture, à leur intelligence qui leur ont permis de comprendre ce dont vous aviez besoin. « La mémoire est toujours aux ordres du cœur », écrivait Rivarol. Les candidats aux filières d'excellence, mises en place pour aider des jeunes défavorisés, se recrutent probablement d'abord dans ces familles attentives.

Réussir à échouer contre eux

Quand la famille est aisée et munie de tous les codes nécessaires à une bonne réussite sociale (langage, belles manières, réseau), il arrive qu'un de ses héritiers se mette en échec, sa vie durant. Il s'agit alors d'une sorte de rébellion devant un destin tout tracé. Réussir, ce serait rester dans le rang, faire comme tous les autres qui vous ont précédé, se soumettre. Se « compromettre » comme certains membres de la fratrie l'ont fait. En vous démarquant, vous devenez unique. En vous mettant en échec, vous affirmez votre singularité, vous vous distinguez et pouvez d'autant plus briller à vos propres yeux. Vous n'êtes pas comme ce frère aîné dont vous avez porté les vêtements devenus trop petits pour lui. Vous ne ressemblerez jamais à votre petite sœur à qui vos parents passaient tout. Jalousie, envie : les vieux comptes se règlent aussi dans les échecs professionnels et les limites que vous vous infligez. Dans certains cas, l'échec social peut vous contenter, même si vous êtes un peu le mouton noir de la famille. Vous êtes devenu comédien. Vous courez le cachet car personne ne vous connaît. Vous ne payez pas d'impôts. Vous habitez encore une chambre d'étudiant. Mais, au moins, vous vous sentez libre : ni Dieu ni maître ! Reste à fuir Noël, jour de l'an, anniversaires, toutes ces fêtes carillonnées qui vous serrent le cœur (vous n'avez pas d'argent pour offrir les cadeaux qui conviennent) ou vous rasent prodigieusement (vous vous demandez ce que vous faites au milieu des petits-fours et des smokings). Mais vous avez probablement trouvé d'autres personnes qui, comme vous, ont décidé de faire bande à part : un groupe de copains, une association politique, religieuse, sociale ou culturelle, un collectif d'artistes... Quel que soit le cas de figure, vous rompez avec la destinée familiale et vous vous payez le luxe, même si vous êtes complètement fauché, de vous inventer votre propre destin. Mais le résultat vous satisfait-il vraiment ?

ARTISTE, CE N'EST PAS UN MÉTIER

Dans l'absolu, que vous soyez médecin, coiffeuse ou marionnettiste ne devrait pas entraîner de différence de jugement de valeur. L'important n'est-il pas que vous ayez réussi votre vie, à votre manière, dans le domaine où vous vous sentiez le plus à l'aise ? Pourtant, dans une famille d'ingénieurs ou d'enseignants, un enfant qui devient pâtissier ou comédien ne brillera pas forcément. Vous n'avez pas poursuivi de longues études ou, en tout cas, si on les compare à celles de vos proches, vous apparaissez comme quelqu'un de différent, de moins « cultivé ». Bref, vous disposez de références moins prestigieuses que celles de votre famille, du moins aux yeux de celle-ci. Il faudrait au moins que vous soyez votre propre patron, même si cela vous dépasse. Car votre métier manuel peut représenter pour vos parents un signe de « déclassement social », tant vis-à-vis d'eux-mêmes que de leur entourage. Surtout s'ils ont le sentiment de s'être élevés par rapport à leurs propres parents, agriculteurs ou ouvriers. C'est la conséquence de « l'imaginaire social », de l'idée qu'on se fait d'un métier, d'une position sociologique à partir de sa propre expérience.

Peut-être suis-je en train de parler de votre histoire. Vous avez rêvé de devenir charpentier parce que les talents du père d'un copain vous fascinaient. Les outils, le bois, la belle ouvrage, bref, c'était la matière qui vous attirait. Votre but était de monter votre petite entreprise.

Au lieu de cela, vous corrigez des copies plus insipides les unes que les autres. À cause de la « famille »…

Faire du théâtre, « jouer la comédie », réveille plutôt le spectre du chômage qui hante tous les parents. Un comédien, un chanteur, tant qu'il n'est pas très connu, ne décroche pas forcément des contrats réguliers. Ils voudraient tant que leurs enfants se construisent un capital professionnel stable et durable. Le chômage, la crise leur font craindre pour leur propre avenir alors qu'ils sont encore en activité. Comment pourraient-ils ne pas être inquiets à l'idée d'un métier qui n'assure aucune stabilité financière ?

À l'inverse, évidemment, avoir un fils ou une fille médecin va représenter une source de fierté et de valorisation pour toute la parentèle, surtout dans une famille modeste. Le « docteur », même s'il ne possède plus tout à fait la même aura qu'autrefois, reste encore un personnage puissant, nourri de savoir et du pouvoir extraordinaire de freiner ou d'anéantir la maladie. Les lignées de médecins se bâtissent d'ailleurs sur ce modèle. Les enfants ont admiré la fonction de leur père ou de leur mère, parfois des deux. La poursuivre leur apparaît comme un prolongement naturel de leur existence. Dans bien des cas, ils n'imaginent d'ailleurs pas faire autre chose. Ils ont intégré et digéré le modèle familial, le vœu secret de celui ou de celle qui les a précédés dans cette fonction.

Pendant ce temps-là, dans les familles immigrées, on trime dur pour que les enfants s'en sortent. Un fils qui devient footballeur professionnel ou se produit à

Nouvelle Star, dont le nom apparaît dans les journaux, est un honneur. Et souvent l'espoir d'en finir avec les fins de mois difficiles, de quitter la cité et de vivre ailleurs dans une maison. En revanche, une famille bourgeoise n'acceptera pas de bon cœur que l'un de ses fils devienne footballeur. Elle préférera le tennis ou l'équitation, tellement plus « standing » à ses yeux. Pour elle, le foot doit rester un loisir. En faire son métier, c'est bon pour les gamins des cités !

Il n'y a pas de sot métier...

En fait, ce qui valorise une activité professionnelle, ou nous la fait mépriser, repose sur le sens que nous lui donnons. Un sens établi à partir de nos idéaux, de nos croyances, de nos habitudes. Le milieu dans lequel vous avez été élevé véhicule des images de ce qu'il est « bon » ou non d'exercer comme activité. Mais si vous restez honnête avec vous-même, vous savez bien que la croyance, comme la foi, n'est qu'une conviction parmi tant d'autres.

Dans certaines familles, donc, « taper dans un ballon », c'est fait pour le fun, pour le plaisir. Pour d'autres en revanche, cela représente une avancée, un effort, parce que le sport c'est la solidarité, le partage. Quel que soit le jugement asséné, ce n'est qu'un avis. On ne peut pas en faire une réalité universelle. Ce point de vue est imaginaire, il est ce que votre famille « croit », mais pas forcément ce que croient vos voisins. Et il est social, parce que les idées qu'il véhicule s'imposent

« naturellement » aux membres d'un même milieu social. Ce sont des constructions idéologiques, cohérentes et rationnelles en apparence. Mais elles dépendent aussi largement de problématiques inconscientes familiales, culturelles et contextuelles. Le « contexte » est l'ensemble des idées et des valeurs, des comportements et des choix, des habitudes et des besoins qui assurent la cohésion d'un groupe social déterminé. De votre famille en l'occurrence. Partant de là, le métier que vous exercez peut tout à fait correspondre à une convention sociale. Vous êtes devenu technicien parce que, pour les vôtres, c'est du concret, du sérieux. Vous avez intégré la fonction publique par fidélité à leurs valeurs républicaines. Vous êtes représentant, payé à la commission pour gagner un maximum de cet argent porté aux nues par vos parents. Vous ne vous sentez pas très à l'aise dans votre emploi ? Au lieu d'accuser l'ambiance, le style de management qui vous insupportent, vous pouvez peut-être vous interroger. Avez-vous suivi la filière qui vous a mené là juste pour faire plaisir à votre entourage ? Et à tous ceux qui ont contribué à ce que vous êtes devenu, famille élargie, profs, tous ceux avec qui vous avez partagé du temps, des valeurs ?

De plus, la multiplication des filières menant au baccalauréat a singulièrement terni son prestige. Quels que soient leurs mérites réels, les titulaires d'un bac pro n'ont pas toujours, du point de vue de l'imaginaire social, de l'idée qu'on s'en fait, le prestige des lauréats d'un bac scientifique. Cela explique souvent que l'on vous ait maintenu dans une filière généraliste où vous étiez un mauvais élève, alors que vous auriez pu réussir beaucoup mieux en vous orientant sur une formation pointue dès le lycée. Mais il n'est pas trop tard pour chercher une formation dans une chambre des métiers.

LE CAS DE KEVIN

Kevin, quarante-quatre ans, est webmaster. Il est installé à son compte et conçoit des sites Internet pour des entreprises. Son hobby : la composition de musique électronique. Il a déjà des créations à son actif et participe à de petits festivals artistiques. Son regret : avoir écouté ses parents, des enseignants qui estimaient que « être intermittent, ce n'est pas un métier ». Ils n'ont pas compris que leur enfant, passionné de guitare – dont il avait appris à jouer tout seul et plutôt bien –, mais élève médiocre, n'avait qu'une envie : être compositeur. Il dit : « Aujourd'hui, je gagne bien ma vie mais je ne m'éclate pas. La seule chose qui m'intéresse, c'est de voir arriver le week-end afin de me plonger dans la musique. En fait, je suis un loser du travail, j'ai l'impression d'être passé à côté de ma vie. »

Suivre l'attente de ses parents sans se poser de questions, sans s'opposer, revient à s'oublier. En vous conformant à ce qu'ils espèrent de vous, un bon métier, la sécurité, vous passez à côté de votre désir. Vous vous oubliez. Or, le désir est à la fois quelque chose de très concret (« J'ai envie de »), et une poussée puissante, une énergie difficile à étouffer (« Je ne peux pas faire autrement »). Les psychanalystes disent qu'il ne faut jamais céder sur son désir : si vous faites l'impasse sur ce qui vous motive vraiment, vous risquez de vous sentir vide, inutile, insignifiant. Même si, pendant un temps, vous êtes obligé de vous plier à des exigences familiales pour des raisons économiques, essayez de revenir, à un moment ou à un autre, sur ce qui peut vraiment vous combler, vous satisfaire. Vous avez besoin de gagner de l'argent pour vous loger, manger, mais vous avez également besoin de vous nourrir psychiquement.

DIPLÔMES : EN AVOIR OU PAS ?

Dans un CV, le diplôme constitue la plupart du temps un « plus », la marque que vous vous êtes spécialisé dans une direction ou une autre. Certaines professions, enseignant, expert-comptable, nécessitent des qualifications précises. On n'imagine pas un pharmacien non diplômé qui prétendrait nous vendre des médicaments dont il ne connaîtrait pas les effets. Mais accumuler les diplômes n'est pas toujours un facteur d'épanouissement, et ne pas en avoir n'est pas forcément une « tare » : l'expérience, une expertise acquise sur le tas et des compétences empiriques sont souvent largement suffisantes pour être heureux dans son boulot. C'est la manière dont vous vous représentez les choses qui compte. S'il existe un fossé entre ce que vous faites et ce dont vous avez vraiment envie, vous n'êtes évidemment pas satisfait. Demandez-vous ce qui compte le plus pour vous. Un papier qui estampillerait votre savoir ou le contentement d'être en accord avec vous-même ?

Certains, qui réussissent très bien, vont jusqu'à mettre un point d'honneur à ne pas posséder de diplôme. Ils sont fiers de leur expérience solidement bâtie au fil de stages, de CDD puis de CDI. Leur énergie, leur acharnement à se spécialiser, leur pratique du terrain associée à de nombreuses lectures auxquelles ils se sont astreints, c'est leur signe distinctif. La preuve de leurs qualités supérieures. Les chanteurs et les footballeurs en Ligue 1 ne sont pas les seuls à rouler sur l'or sans avoir jamais obtenu le moindre diplôme. Nombre d'autodidactes affichent une réussite plus que brillante, comme le milliardaire François Pinault, président de la multinationale PPR, ou le comédien Djamel Debbouze. Si on prend l'exemple de Djamel, il semble que son entourage familial, chaleureux et soudé, soit l'un des piliers de sa réussite. Quand on a la chance d'être soutenu par ses proches, quand ils ne mettent pas d'obstacles à vos envies, le succès est plus facile. Par le sourire de vos parents, le soutien de vos frères et sœurs, vous êtes conforté. Leur regard sur vous agit tel un miroir magique. Vous vous sentez encore plus sûr de vous, plus fort. Cependant, les autodidactes sont aussi parfois des sans-famille. Personne ne leur a prodigué de paroles d'encouragement ni ne les a regardés les yeux brillants d'admiration. Leur famille était loin, accaparée par le travail, la survie, peut-être indifférente. Il y a de nombreuses manières de s'intéresser à ses enfants, et même de ne pas s'y intéresser. Or c'est précisément là, dans cette absence ou cet éloignement, qu'ils ont puisé leur énergie. Aucun avenir n'est donc vraiment tracé.

La solitude du sans-diplôme

Cela dit, le fait de ne pas avoir poursuivi d'études peut vous complexer et vous isoler. C'est le cas quand vous êtes le seul de votre fratrie dans cette position. Ou bien votre malaise vient de votre mariage avec un conjoint diplômé. Quelles que soient vos qualités, votre intelligence, vous lui prêtez un « plus ». Pour vous, ce « plus » s'instaure donc comme un « moins ». Il souligne ce que vous croyez être vos limites, même si vous admirez votre partenaire pour avoir réussi là où vous avez échoué. Quand l'un de vos enfants obtient lui aussi un diplôme, cela peut réveiller cette frustration, même si vous en êtes fier. Les diplômes confirment un parcours scolaire, universitaire, une spécialité professionnelle. Ils charrient aussi de l'imaginaire. Ce que vous seriez devenu, ce que vous auriez pu faire en les possédant. Ce n'est pas forcément la vérité, mais c'est ce qui est « vrai » pour vous.

Lorsque ce sentiment finit par prendre trop de place, s'il vous fait souffrir, il peut être indispensable de réfléchir à la manière dont vous allez vous en sortir. Et c'est possible, car il existe aujourd'hui un grand nombre de diplômes que l'on peut préparer tout en travaillant. Diplômes d'État ou d'une école privée, certains ne nécessitent que l'obtention d'un examen d'entrée en faculté. D'autres peuvent être obtenus par la validation des études et des acquis, à tous les niveaux de qualification. Ce protocole permet d'intégrer l'expérience professionnelle dans la préparation d'un examen.

Des diplômes pour soi-même

Engranger laborieusement une collection de diplômes peut servir à autre chose qu'à enrichir un CV. Indépendamment de qualifications très pointues exigées à l'embauche, la « nécessité personnelle » de posséder un ou des diplômes est en rapport avec le narcissisme, l'image et l'estime de soi. On se souvient que Narcisse, un héros de la mythologie grecque, s'éprit de lui-même en se regardant dans une fontaine et en découvrant son reflet dans l'eau. La psychanalyse l'a associé, dans l'esprit du public, à un amour de soi immodéré.

En fait, pour se construire, l'enfant a besoin de se prendre d'abord pour modèle puis, dans un second temps, de s'identifier à ses parents, à des proches, à des personnes qu'il aime et qu'il admire. Ces deux étapes du narcissisme, stades de développement de la personnalité, vont constituer des socles pour l'adulte. Pour peu que cette estime de soi soit défaillante, les diplômes serviront à compenser une carence. Si vous avez manqué d'affection durant votre enfance, avoir des diplômes peut vous aider à vous sentir meilleur, plus « estimable ». Élever l'idée que vous vous faites de votre valeur. Ils peuvent aussi vous permettre de construire un environnement plus chaleureux, choisi dans votre travail. Car vous vous sentirez, au milieu de vos pairs, comme dans une nouvelle famille. Avoir des diplômes n'est pas un gage d'épanouissement, ne résout pas les difficultés d'une vie, mais peut contribuer à les apaiser.

2

QU'ATTENDEZ-VOUS
DE VOTRE TRAVAIL ?

ÊTRE OU PARAÎTRE :
« VOUS FAITES QUOI DANS LA VIE ? »

Qu'est-ce que le travail ? Une obligation, un pensum, un moyen de subsistance, une source de plaisir et de créativité ? « Il faut bien *gagner sa vie* », dit une expression populaire. Comme si, dans le travail, vous deviez faire la preuve de votre droit à l'existence. Et d'une certaine manière, c'est bien de cela qu'il s'agit, en dehors même de la nécessité de travailler pour se loger et se nourrir. Quand vous rencontrez quelqu'un pour la première fois dans une sortie, un dîner amical, que lui demandez-vous le plus souvent au premier contact ? Rarement des renseignements trop intimes sur sa vie amoureuse, ses opinions politiques, ses goûts alimentaires. En revanche, vous avez besoin de le situer, de mieux savoir qui il est afin d'engager avec lui un

échange… La question première qui revient est donc :
« *Et vous, qu'est-ce que vous faites dans la vie* » ?

Il ne s'agit évidemment pas de savoir si on adore
jardiner, faire la cuisine ou collectionner les timbres.
Non, l'accord est tacite, il s'agit bien de dévoiler vos
activités professionnelles respectives. Pour exister
« réellement », aux yeux des autres comme à vos propres
yeux. Votre métier représente un viatique, indispensable
pour se reconnaître et être reconnu. Même les « riches »,
fils et filles de familles aristocratiques et bourgeoises
aisées écrivent, peignent, dessinent des collections
d'objets ou de vêtements pour ne pas être seulement
désignés comme les descendants de la lignée X ou Y.

Dans l'Antiquité et jusqu'au Moyen Âge, le travail
était dédaigné. Il était réservé aux esclaves, aux serfs.
Jusqu'à la Révolution, clergé et noblesse ne travaillaient
pas. Cela aurait été déchoir, montrer qu'on ne disposait
pas des moyens matériels associés à son rang. La valeur
travail, qui ne daterait que de deux siècles, structure
aujourd'hui en grande partie notre identité. La priorité
des parents – que leur progéniture fasse de bonnes études
pour s'assurer une place « au soleil » – est devenue une
obsession. Il est bien sûr question de garantir leur sécurité matérielle, mais tout autant de leur donner une
« visibilité sociale » de choix.

La réalisation de soi

Aujourd'hui, le travail n'est donc plus seulement ressenti comme une nécessité économique et sociale. Il est

chargé d'attentes, de rêves et de fantasmes associés à la réalisation personnelle. Il est perçu comme l'un des principaux moyens de créer sa « légende personnelle », selon les termes de Paulo Coelho dans son livre *L'Alchimiste*. Nous lui demandons de nous aider à réparer les failles, les souffrances que nous avons rencontrées dans notre enfance (famille dispersée, mauvais traitements, manque d'amour…) ou que nous rencontrons à l'heure actuelle dans notre couple, notre vie familiale. Il contribue à dépasser nos craintes face à l'incertitude de l'avenir. Grâce à lui, nous espérons nous prouver et prouver à l'entourage notre valeur, notre capacité à étendre nos limites, à nous dépasser. C'est pourquoi la profession que vous exercez, les satisfactions que vous en tirez ou pas, vont largement contribuer à élargir ou à réduire votre « estime de soi ».

En principe, un métier assure une sorte d'identité de l'individu. Vous « faites » de l'informatique. Vous « n'êtes » pas le représentant de l'informatique à vous tout seul. Mais on dit plutôt « être vendeuse » que « faire vendeuse », ce qui est incorrect du point de vue grammatical et induit, surtout, une connotation péjorative. Les métiers qui suscitent de l'envie et une forte reconnaissance sociale (médecin, avocat, star des médias…), ne permettent pourtant pas d'affirmer que les personnes qui les exercent sont « meilleures » ou disposent d'une moralité élevée. Un manœuvre, une auxiliaire de service dans une école peuvent posséder une belle âme, des principes de vie rigoureux, une grande générosité. Pourtant, ils sont souvent les premiers à souffrir d'un préjugé défavorable. La confusion entre l'être et le paraître est devenue presque totale. Votre métier se doit de remplir sa fonction narcissique, valorisante. Et il doit être source d'accomplissement pour vous trouver, vous définir et vous estimer.

Comment parlez-vous de votre travail ?

Ne jamais mentionner votre activité professionnelle, même sous une forme allusive – « Je suis dans le commerce » –, peut répondre à des situations bien différentes. Il y a bien entendu les métiers qui, par nature, exigent la discrétion la plus totale. On voit mal un espion raconter sa vie ! Mais cette discrétion, qui touche parfois au mutisme, peut traduire de la gêne par rapport à la profession exercée. Voire une souffrance. Tant de métiers, pourtant parfaitement indispensables et donc honorables, sont si souvent déconsidérés... y compris par ceux qui les exercent. Vous, peut-être. Travailler dans un abattoir ou ramasser les poubelles ne représentent pas en effet des activités suffisamment gratifiantes pour nombre d'entre nous. Nous les associons au sale, au sang, aux tripes, aux déchets : tout cela doit être effacé au profit de la « pureté », pour permettre à l'humain de rejeter le plus possible son côté animal. Pas facile donc d'assumer de tels métiers et d'en être fier. Et pourtant... Nous oublions trop souvent à quel point ils sont indispensables. Avez-vous déjà vécu dans votre ville une grève des éboueurs ? Avez-vous déjà regardé des photos de Naples où le problème est récurrent ?

Vivre mieux certaines professions, c'est accepter notre humanité qui produit du déchet. Et avoir un travail, même mal valorisé, reste évidemment plus positif qu'être au chômage ou dépendre du RSA. Le dissimuler peut traduire aussi un manque de confiance en vous et la crainte d'affronter le regard des autres. Vous avez peur d'être déconsidéré parce que votre profession ne correspond pas aux normes d'un monde idéalisé. Du coup, la novlangue moderne enjolive le vocabulaire pour tenter de revaloriser certaines fonctions. L'homme ou la femme de ménage deviennent des « techniciens de surface », la caissière une « hôtesse de caisse », le guichetier de la banque un « conseiller en patrimoine ». L'appellation change, pas le contenu du travail, même si les intéressés se plaignent souvent d'être contraints à des tâches supplémentaires. L'habillage peut faire plaisir, agrémenter l'ego. Mais change-t-il la pratique ? On voit bien là en tout cas la primauté du paraître sur la réalité.

Ne pas révéler sa profession relève parfois aussi de la modestie, non sans arrière-pensée. En particulier quand le travail que l'on exerce est considéré comme prestigieux ou très rémunérateur. C'est une façon de ne pas s'afficher, de ne pas écraser les autres… mais aussi de se protéger des quémandeurs en tout genre. C'est également une mesure de sécurité psychologique, pour mieux éviter ceux qui vous rappellent, avec leurs « galères », que rien n'est définitivement gagné en ce monde, et qu'on pourrait un jour se retrouver à leur place.

D'autres, dont vous faites peut-être partie, établissent une coupure quasi absolue entre vie professionnelle et vie sociale. Pour eux, une fois sortis du bureau, de l'atelier, de la boutique, on n'en parle plus, c'est une autre existence qui commence. Ils entrent dans une nouvelle dimension, celle des amis, des voisins, des membres d'une association ou d'une équipe sportive. À leurs yeux, ces différents univers ne doivent pas se mélanger. Et ils ne partagent pas non plus leurs activités extraprofessionnelles avec leurs collègues. Lorsqu'on n'apprécie pas suffisamment son emploi, qu'on le trouve dépourvu d'intérêt ou mal payé, la vie familiale et sociale instaure une compensation. Ce qui n'est pas reconnu dans votre travail (vos qualités, votre énergie) va l'être avec l'entourage familial, amical, associatif. La fierté et le plaisir de remporter un tournoi de ping-pong, ou de chanter dans une chorale amateur, peuvent être un pansement sur le petit salaire, le manque de considération. Si vous n'y avez pas encore songé, courez vous inscrire !

De quoi parlez-vous au travail ?

Pour nombre d'entre nous, la rupture entre vie professionnelle et vie privée est une nécessité. En mettant de la distance entre ces deux mondes, vous conservez votre équilibre existentiel, et vous vous ménagez des espaces de réflexion et de loisirs. Vous évitez ainsi la confusion des genres et des rôles quand l'un de ces univers est en difficulté. Car le mélange peut être toxique. Même si vous ne racontez jamais rien de votre vie privée, soyez certain qu'on peut projeter sur vous toutes sortes de fantasmes. Vous arrivez un matin avec les yeux cernés ? On plaisantera sur la manière dont vous avez passé la nuit. Vous avez grossi ces derniers temps ? Vous êtes sûrement enceinte. C'est curieux, ça... Mais de qui êtes-vous enceinte, puisqu'on ne vous connaît aucune histoire amoureuse ? Dédié en principe à la production, le lieu de travail est la caisse de résonance de toutes les divagations, rêveries et bavardages dont vous ne vous privez peut-être pas vous-même. Nous passons souvent la plus grande partie de notre temps à travailler. Comment l'espace professionnel pourrait-il alors échapper à ce qui fait le sel de l'existence, suppositions, ragots et fantasmes ? Comment ne pas nous intéresser – de près – à ceux qui partagent autant d'heures avec nous ? Il est fréquent d'entendre affirmer qu'on ne mélange pas les sentiments et le travail. Rien n'est plus faux. Nous apportons au boulot toutes nos émotions humaines : sympathie, antipathie, attirance, dégoût, volonté de dévoiler l'autre et donc d'avoir barre sur lui, ou de se dévoiler soi-même... Attention : il est tentant en effet de se confier à un collègue quand le torchon brûle à la maison, mais très déplaisant de découvrir que votre vie intime a fait le tour des services. La bonne attitude consiste à se livrer juste ce qu'il faut pour ne pas paraître arrogant, lointain. Vous pouvez lâcher quelques anecdotes « honorables » sur vos enfants. Les enfants ont toujours très bonne presse. Ils vous rangent dans la catégorie « adulte responsable », même si ce sont eux qui préparent votre repas du soir pour cause de rentrée tardive. Évoquez le dernier film que vous avez vu. Bref, faites du banal, du factuel, relevé d'une pointe d'humour, d'un zeste de sincérité.

ÉVALUEZ VOTRE BESOIN DE SÉCURITÉ PSYCHOLOGIQUE

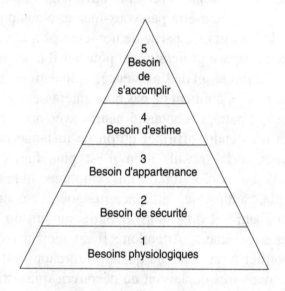

LA PYRAMIDE DE MASLOW

Selon le psychologue américain Abraham Maslow, l'évolution harmonieuse de l'individu se traduit par une pyramide de cinq besoins. Pour atteindre la plénitude, il sera nécessaire de tous les combler. Les plus primitifs sont les besoins physiologiques : manger, boire, dormir, faire l'amour. Ces besoins fondamentaux contribuent à la survie de l'espèce. Comme ils sont premiers, ils conditionnent étroitement la satisfaction des autres besoins. En deuxième position viennent des besoins élémentaires de sécurité : avoir un toit, disposer d'un salaire, de la Sécurité sociale. Les besoins sociaux arrivent en troisième lieu. Ils s'appuient sur le sentiment d'appartenance, car l'être humain est très dépendant du regard d'autrui. Ces besoins seront assouvis par l'intégration dans une entreprise, un service, par un choix politique ou syndical, par l'inscription à un club de loisirs. Au niveau 4 de la Pyramide de Maslow, c'est le besoin de considération et d'estime des autres qui prévaut. Le cinquième et dernier niveau concerne la réalisation de soi : développement personnel, poursuite d'un idéal, vous cherchez alors à vous dépasser.

Cette pyramide théorique et imaginaire représente un processus de développement. Sa dynamique consiste à passer d'un étage à l'autre, au fur et à mesure que chaque type de besoin est satisfait : il est impossible de monter votre entreprise si vous n'êtes pas en mesure de vous nourrir et si vous ne possédez pas de toit pour vous abriter. Le travail est littéralement pris dans ces différents besoins. Pour y trouver votre compte, il faut d'abord qu'il satisfasse vos besoins physiologiques grâce à la sécurité financière que vous apporte un emploi. Mais cet emploi doit aussi nourrir votre besoin d'appartenance, à une filière professionnelle, par exemple, tout en vous assurant considération et réalisation de soi. C'est à ce prix que le besoin de sécurité, l'un des plus puissants avec la satisfaction des besoins physiologiques, pourra être assouvi.

Mais comment être certain que votre besoin de sécurité peut être assuré de façon durable grâce au travail ? Comment ne pas être inquiet face à la montée du chômage ? Comment mettre en place des filets de protection jusqu'à l'âge de la retraite ? Comment vous préserver d'une perte d'emploi, dans quelles conditions accepter des contrats précaires, penser à un changement de métier ? Existe-t-il une méthode simple pour conjurer la crainte de l'avenir ? Hélas, nous ne sommes pas tous logés à la même enseigne pour faire face à ces questions. Nous ne cotisons pas tous à la même caisse de sécurité psychologique. Certains sont plus armés que d'autres : ceux qui ont eu la chance de faire des études, qui acceptent de reprendre une formation... mais surtout ceux qui ont eu le bonheur de vivre une enfance paisible avec des parents rassurants. Car le sentiment intime d'être en sécurité, quels que soient les aléas de l'existence, s'élabore dans l'enfance au sein d'une famille équilibrée. Les parents soutenants, ceux qui ne laissent pas pleurer leur bébé inutilement et cherchent les raisons de son chagrin, vont contribuer à renforcer son sentiment de sécurité. Parler à son enfant, l'écouter, même lorsque ses paroles ne sont encore que des vagissements, va lui permettre de se construire solidement. Les adultes qui n'ont pas connu la force d'une telle éducation sont-ils pour autant condamnés à végéter en bas de la pyramide ? Sûrement pas. Aujourd'hui, les possibilités de travailler sur soi grâce à un coaching, une psychothérapie, un outil de développement personnel, sont multiples. L'être humain est une construction subtile et dynamique, continuellement en devenir. Votre besoin de sécurité, dans votre emploi comme dans les autres champs de votre existence, vous pouvez le travailler seul avec des lectures comme celle-ci et d'autres, ou avec l'aide de quelqu'un dont le métier est de vous accompagner. L'important pour vous est d'abord de prendre mieux conscience de vos difficultés enfouies, de ce besoin de sécurité constamment insatisfait, pour qu'il ne vous empêche pas d'avancer comme vous le souhaitez au fond de vous-même.

Le cas d'Armelle

Armelle est aide-soignante dans une structure spécialisée. Elle exerce cette fonction sans le diplôme correspondant. Comme sa compétence et son dévouement sont unanimement reconnus, tant par les résidents que par son chef, on lui propose de le passer, ce fameux diplôme. Peu payée, mais jouissant d'horaires souples qui lui permettent d'aller chercher tous les jours son fils à l'école, elle hésite. Il lui faudrait, deux jours par semaine, assumer à la fois sa journée de travail et ses cours. Une voisine lui a proposé de garder son petit garçon pendant ce temps, mais elle se demande comment il va réagir. En réalité, elle craint surtout de ne pas y arriver, de manquer de capacités intellectuelles. Que fera-t-elle si elle ne parvient pas à obtenir ce fameux papier ? Quel regard portera-t-elle sur elle ? Et ses collègues ne risquent-ils pas de se moquer ? Sa sécurité matérielle et psychologique actuelle repose sur un consensus.

Tous l'estiment, son enfant est satisfait. Pourquoi mettre en péril un équilibre chèrement acquis, quand elle est passée du ménage dans le service à l'accompagnement des personnes sur certains soins ?

Armelle a peur de prendre des risques, de lâcher la proie pour l'ombre. La proie, c'est sa compétence... à condition qu'elle ne soit pas reconnue officiellement. Car si elle l'était, elle pense qu'elle n'aurait plus le droit de se tromper. Aujourd'hui, si elle commet une erreur, elle peut se retrancher derrière le côté officieux de sa fonction. Et même alléguer qu'on lui en demande trop, qu'elle n'est pas payée pour ça. L'ombre du diplôme, en dépit de son côté alléchant, est beaucoup plus inquiétante. Elle s'imagine qu'elle devra la porter comme un trophée. Ne jamais la ternir. Entre son besoin de reconnaissance et son besoin de sécurité, elle ne parvient pas à choisir.

FONCTIONNAIRE, SALARIÉ OU INDÉPENDANT ?

Travailler signifie appartenir à l'un des trois statuts existant aujourd'hui : fonctionnaire, salarié ou indépendant. En sociologie, le statut social définit la place de l'individu au sein du groupe. Ce qui n'a rien à voir avec la manière dont il se perçoit lui-même psychologiquement dans ce groupe. Pour chacun d'entre nous, le mot « statut » est souvent valorisant. Il désigne la place plus ou moins reconnue, plus ou moins gratifiante, que nous confère notre activité professionnelle. Aux yeux des autres comme à nos propres yeux.

Chacun de ces statuts – fonctionnaire, salarié ou indépendant – répond à un profil spécifique, avec ses avantages et ses inconvénients, indépendamment des compétences nécessaires. Le choix entre ces trois possibilités et les capacités de l'assumer reposent sur le profil psychologique du postulant : son histoire personnelle, les enjeux familiaux auxquels il obéit. Si le statut n'a pas été réellement choisi, il peut devenir un fardeau, voire une source majeure d'inconfort et de stress. Alors essayons de comprendre ce que révèle de nous chacun de ces statuts.

Fonctionnaire : la sécurité d'abord

Le grand mérite de la fonction publique est naturellement la sécurité de l'emploi qu'elle apporte à ses agents. En ces temps de crise sociale, nous l'avons déjà dit, être fonctionnaire est devenu aujourd'hui l'ambition de nombreux jeunes. Lorsque l'incertitude sur l'avenir augmente pour les salariés ou les indépendants, le souci de préserver un emploi à vie devient un gage de sécurité, pour soi comme pour sa famille.

Si cette motivation a primé pour vous, elle présente évidemment un gros inconvénient : ce n'est plus la nature de l'emploi qui compte, mais d'abord les avantages que procure ce secteur par rapport aux autres. Les salaires sont rarement mirobolants, les postes ne sont pas toujours enviables, mais la certitude de les conserver jusqu'à la retraite – sauf faute très lourde – est appréciable. Et la fonction publique offre, dans la plupart des branches, de nombreux concours internes qui permettent de progresser, lentement parfois mais toujours sûrement. Le fonctionnariat apparaît donc comme une position privilégiée. Mais il est fréquemment discrédité par ceux qui n'en font pas partie. Fonctionnaire, vous êtes souvent perçu comme quelqu'un dont la capacité de comprendre les usagers est « bornée ». Vous seriez peu efficace, un « parasite » destiné à rendre la vie des autres encore plus compliquée alors que vous devriez au contraire la faciliter. Avec la modernisation de l'Administration, l'alignement des exigences de productivité sur le secteur privé, les fonctionnaires triment aujourd'hui assez loin de ce fantasme. Comme à n'importe quel salarié, on vous demande d'être performant, réactif, de continuer à vous former si vous voulez progresser dans votre carrière. Résultat : le regard péjoratif porté sur vous est loin de vous laisser indifférent. Vous en souffrez, pouvez vous sentir mal à l'aise, éprouver dépit et colère devant l'image tronquée qu'on présente de vous. Vous avez peut-être parfois dû vous défendre devant certaines insinuations, des critiques infondées émanant même quelquefois de vos proches, de vos voisins. Comment y faire face, ne pas répondre à la calomnie par l'agressivité ou la déprime ? En prenant de la distance, en reconnaissant qu'assez souvent ce n'est pas votre personne qui est attaquée, mais votre fonction. À la poste, lorsque s'allonge en fin de mois la file d'attente du RSA, vous avez affaire à une population en difficulté, excédée. Comme représentant de l'État, vous personnifiez celui qui fait attendre l'essentiel : de quoi vivre. Idem à la préfecture de Police, quand vous êtes celui qui délivre (ou non) des papiers indispensables. Car le fonctionnaire, quel que soit le service public auquel il appartient – agent du fisc ou secrétaire de mairie – représente toujours, au regard des usagers, une émanation de la Loi, de l'État avec un grand E. Vous obligez les autres à rendre des comptes sur leurs salaires, leur patrimoine, vous les contraignez à traverser dans les clous, à respecter les feux rouges, à donner des informations considérées comme privées. Partant de là, on vous accorde un pouvoir discrétionnaire, une puissance symbolique en partie imaginaire. On vous dote d'un ascendant et d'attributs porteurs à la fois de rage, lorsque vous ne répondez pas aux attentes, et d'un immense espoir. Donc vous attisez la grogne et la jalousie, et vous polarisez les espérances. Les enseignants confrontés dans certains quartiers à des élèves de plus en plus difficiles doivent jouer des rôles auxquels ils n'ont pas été préparés : psy, infirmier, assistant social, éducateur, parfois en lieu et place des parents. La famille ne constituant plus une entité pérenne, les enfants en sont devenus les pivots. Le signe durable de ce qui, à un moment donné, a représenté un couple, une histoire d'amour. Le groupe familial, confronté à des difficultés économiques, à la disparition ou à la défaillance du père qui fut longtemps garant de l'autorité, exige de l'école qu'elle pallie ses propres carences éducatives. Les parents demandent donc aux enseignants de « se débrouiller » pour former des êtres capables de réussir leur avenir. Et en même temps des citoyens modèles, capables de se plier aux règles et aux usages d'une vie normale en société. Les professionnels de santé, hospitaliers, infirmières, médecins, sont eux aussi confrontés à des patients et à leurs familles, tous de plus en plus exigeants.

Vue de l'intérieur, la vie du fonctionnaire n'est donc pas toujours très motivante. Vous devez aussi souvent faire face à une hiérarchie tatillonne et pesante. Votre carrière, tracée d'avance, peut demeurer sans surprise. Vos efforts pour les services rendus ne se traduisent que rarement par une augmentation de votre traitement ou une progression statutaire satisfaisante. Si vous êtes dans ce cas, est-ce important pour vous ? Comment mieux vivre les limites de votre statut ? C'est une question dont vous avez sûrement déjà débattu et à laquelle il ne semble pas possible de donner des réponses complètement satisfaisantes.

En revanche, vous pouvez tenter d'évaluer de façon équitable vos « plus » et vos « moins ». La technique du verre à moitié plein est peut-être la meilleure. Réfléchissez à ce qui compte le plus à vos yeux. La frustration ou le plaisir ? Car la fonction publique offre aussi de nombreuses possibilités d'épanouissement et de satisfaction personnelle, dans des métiers le plus souvent tournés vers l'amélioration du bien-être général, et non pas vers les dividendes de l'actionnaire. Vous créez du bien-être, de la valeur ajoutée à l'existence des tiers mais aussi à votre propre vie. Se tourner vers les autres, accueillir, écouter, soigner, trouver des solutions afin de leur obtenir un logement, une place à l'école, sont des

démarches qui alimentent le narcissisme et l'estime de
soi.

Salarié : un statut incertain

Être salarié dans le secteur privé offre des opportunités variées de développement – y compris sur le plan
personnel. Cela dit, depuis une trentaine d'années, le
temps est bien terminé de l'entreprise (souvent appelée
« la maison ») où l'on entrait pour « toute sa vie », en
attendant l'âge de la retraite. Et aussi la médaille du
travail, fleuron d'une existence professionnelle consacrée à l'entreprise, vue comme une sorte d'espace à la
fois paternel et maternel. Paternel, car on y retrouvait
les mêmes règles qu'à la maison : l'autorité, un cadre
hiérarchique déterminé ; et maternel, car l'usine ou les
bureaux vous assistaient en vous offrant protection et
nourriture, quand ce n'était pas le gîte comme dans le
secteur minier. Nous avons souvent été élevés dans cette
vision confortable du travail, car c'était celle de nos
parents. Sauf qu'elle est complètement dépassée. Il est
« normal » aujourd'hui qu'un employé change plusieurs
fois d'entreprise, voire de métier, au fil de son parcours.
Plus souvent d'ailleurs du fait d'aléas économiques que
de ses envies. Cela génère une grande incertitude quant
à l'avenir. Et nous n'y avons pas été préparés.

À cette inquiétude s'ajoute un grand découragement
quotidien si vous êtes en bas de l'échelle. Être caissière
dans un supermarché ou conditionneur dans une usine
de surgelés n'a rien d'exaltant : gestes répétitifs et très

petits salaires, tendance des entreprises à imposer des horaires de plus en plus décalés, fractionnés, émiettés, qui rendent particulièrement difficile toute vie familiale et sociale. Solution ? La révolution ! En attendant, d'un chapitre à l'autre, la poursuite de cette lecture peut vous en donner d'autres, des solutions...

Le travail ne représente pas seulement pour l'être humain une manne financière, la possibilité de soutenir sa famille, d'acquérir un appartement. C'est un élément d'identité et de reconnaissance. Je m'appelle Jean Dupont et je suis comptable. Mes amis, mes proches le savent et me qualifient comme tel. Cependant, pour être reconnu, c'est-à-dire connu, accepté, apprécié, il faut aussi que soient identifiables ceux qui me versent le salaire qui reconnaît mes compétences. Nous ne voulons pas être des employés sous X comme les enfants abandonnés. C'est pourtant bien ce qui arrive dans les grandes entreprises : le soi-disant « boss » est la plupart du temps le supérieur hiérarchique direct, tandis que le directeur général est loin, et le P.-D.G. encore plus, quand il ne réside pas à l'étranger. Au-dessus d'eux flotte la mystérieuse cohorte des actionnaires, des fonds de pension, des entités fantomatiques et sans visage susceptibles de vendre, de délocaliser, de licencier à tour de bras. Comment s'y retrouver, ne pas s'enfoncer dans la paranoïa (ils nous cachent tout) ou le pessimisme (à qui vont-ils nous vendre) ? L'étymologie du mot travail, une variation du latin *tripalium*, instrument de torture,

continue donc de mériter son nom en certaines circonstances.

Mais le travail reste aussi un combat contre soi-même
ou « pour soi-même ». But du jeu : pouvoir s'imposer
dans le métier pratiqué, envisager de nouvelles opportunités plus intéressantes, rechercher d'autres formations.
La mobilité de l'emploi, les risques de « charrettes » ont
fortement augmenté pour la majorité des salariés. Mais
cette mobilité offre aussi la possibilité d'accéder à
d'autres secteurs, voire à d'autres métiers, bien plus souvent que par le passé. On est de moins en moins chauf-
feur de taxi ou simple vendeuse pour la vie. Le système
actuel a suffisamment de souplesse pour qu'une erreur
d'orientation à l'entrée dans la vie active ne soit plus
irréparable. À la condition de bien analyser ce qui nous
empêche d'en profiter. Car monter sa boîte ou en changer, se lancer dans un nouveau métier, ne se décide pas
seulement en termes d'intelligence, d'expertise ou de
contingences matérielles. D'un point de vue psychique,
l'Eros, la force qui nous conduit à aimer, à désirer, à
faire des projets, à bouleverser notre existence, ne doit
pas être infiltré par des pulsions contraires. Celles qui
nous chuchotent que c'est trop tard, que nous sommes
trop vieux, incapables de reprendre une formation. Alors
que certains y parviennent très bien : on peut s'être
formé pour devenir dessinateur et se révéler par la suite
un excellent commercial. Une secrétaire dans une entreprise agroalimentaire peut se passionner pour ses produits au point d'en devenir une étonnante ambassadrice
au service communication. Vous pouvez être embauché

comme simple serveur à mi-temps dans un fast-food et vous retrouver quelques années plus tard le manager de l'établissement, voire le patron. Les chaînes de fast-food communiquent d'ailleurs très bien sur cette perspective de carrière.

Alors, qu'est-ce qui bloque ? Pour la psychanalyse, l'Eros est la pulsion de vie. Ce principe d'action est opposé à Thanatos, le maître des morts, celui qui nous conduit sur le chemin des entraves à nos capacités de création, de transformation. L'être humain est en quelque sorte pris en sandwich entre ces deux poussées. Même si vos parents vous ont suffisamment aimé, « narcissisé » afin de vous donner confiance en vous, ils vous ont aussi opposé des interdits. Ils vous ont transmis leurs propres craintes (la peur du chômage), des valeurs (on ne change pas de métier comme de chemise), des directions (chez nous on est agriculteurs). Du coup, au moment de traverser le pont vers le changement, vous vous sentirez oppressé, déboussolé au sens strict. La boussole familiale offre une sorte d'unité matérielle qui vous donne le *la* tout au long de votre existence, y compris quand la vôtre a l'air de dévier de celle de vos parents. Car s'opposer, c'est aussi se différencier, se construire, comme un être unique et singulier. Certes, cela demande du courage, de la passion, de la résistance. Mais cela prouve aussi que, contrairement à ce que vous pensez, vous n'êtes pas le simple rouage d'une machine capable de vous broyer comme Charlie Chaplin dans *Les Temps modernes*. Vous pouvez être un acteur conscient de vos capacités, de vos envies et de vos motivations.

À condition de vous mobiliser pour les mettre en œuvre, après avoir mieux perçu les préconçus familiaux qui peuvent vous freiner. Reste ensuite à vous accrocher, à flairer les opportunités en vous renseignant par tous les moyens sur ce qu'il se passe autour de vous, voire dans le monde entier (merci Internet). N'hésitez pas non plus à utiliser les multiples possibilités de formation à votre portée, en interne ou en externe. C'est un moyen très accessible de vous perfectionner ou même de changer carrément d'activité, perspective abordée dans la dernière partie de ce livre.

Indépendant : la quête de la liberté

Ni fonctionnaire ni salarié, le travailleur indépendant est une sorte de chimère, un animal mythologique, un assemblage qui recouvre quantité de situations très différentes. Qu'y a-t-il de commun, en effet, entre un petit épicier dans une rue tranquille de centre-ville, une diva applaudie sur toutes les scènes du monde, et un médecin généraliste recevant trente patients par jour sans guère bouger de son cabinet ? Tous possèdent au moins un critère en commun : ils n'ont pas de patron au sens strict, que ce soit l'État, une collectivité ou le dirigeant d'entreprise qui les emploierait. Ils sont donc seuls responsables du fonctionnement de leur activité et de son développement. Et de leur clientèle. La charge peut paraître lourde et porteuse de dangers, surtout vue de l'extérieur, mais être également exaltante et mobilisatrice. C'est le royaume de la liberté avec son corollaire : de nombreuses contraintes. L'incertitude règne ici en maître, vous devez avoir le cœur bien accroché et de solides motivations pour vous lancer dans l'aventure. Vous satisfaites probablement un profond besoin d'indépendance. Dans le profil proposé par l'analyse transactionnelle, vous êtes, en partie du moins, du côté de « l'enfant libre », parfois « rebelle ». Celui qui aspire à trouver son autonomie très tôt mais refuse aussi les diktats familiaux. Avoir un patron, pour vous, ce serait vous retrouver avec papa-maman et l'autorité qu'ils représentaient.

Au début, vous vous êtes jeté à l'eau dans un métier qui bien sûr vous plaisait, et dans lequel vous alliez évidemment décrocher la lune. Les autres n'auraient qu'à bien se tenir, vous vous sentiez fort de votre talent et de vos convictions. Mais voyons l'envers de la médaille. Cette solitude de l'indépendant, « ni dieu, ni maître, ni patron », se traduit aussi par l'absence de tout soutien. Pas de chef du personnel à qui se plaindre, pas de comptable pour régler les factures et faire rentrer les impayés, pas de technicien pour assurer la logistique et entretenir les locaux. Il faut mettre la main à la pâte ou payer ces services soi-même. L'indépendant cumule les fonctions de chef d'entreprise, secrétaire administratif, directeur financier, DRH (lorsqu'il a des employés), et agent d'entretien s'il n'a pas les moyens de payer une femme de ménage.

Indépendant, vous vous appuyez sur votre savoir-faire, vos propres compétences. Mais, plus que n'importe qui, vous devez aussi souvent compter sur les autres afin de créer et étendre votre réseau : parents, confrères, amis, relations, personnes rencontrées ici ou là dont vous devrez conserver soigneusement la carte de visite pour un éventuel contact. Ce système relationnel fonctionne avant tout sur le bouche-à-oreille, y compris par Internet. Il permet de multiplier les opportunités pour développer votre activité. Là réside toute l'ambiguïté et l'inconfort psychologique de votre situation. Car dans la plupart des cas, cela présuppose de réelles capacités d'ouverture, de communication et de souplesse de caractère ! Sinon, c'est vous condamner à végéter dans votre coin, frustrations garanties à la clé. Êtes-vous prêt à continuer de porter de multiples casquettes ? Avez-vous envie de confier quelques-unes de ces casquettes à des collaborateurs que vous aurez embauchés pour développer votre business ? En ce cas, vous devez savoir aussi que le statut de responsable n'est pas de tout repos. Il faut de bonnes qualités d'organisation et de gestion de son temps pour ne pas se noyer dans les détails et les corvées tous azimuts. Cela exige un moral d'acier et des bases solides. Est-ce votre cas ? Savoir gérer les priorités, mettre en ordre son emploi du temps, « l'optimiser » selon le jargon d'usage, est une sorte de métier à l'intérieur de votre activité. Si vous n'êtes pas rompu à cet exercice, il existe des formations pour cela.

En contrepartie, le statut d'indépendant apporte souvent de belles satisfactions en matière de réussite personnelle et sociale. C'est pourquoi le rêve de « monter sa boîte » est toujours aussi répandu, et pas seulement chez les jeunes. C'est vrai aussi après un licenciement, surtout autour de la cinquantaine. Sans réelle possibilité de retrouver un poste avec un salaire et des responsabilités identiques à ceux qu'ils ont perdus, de nombreux salariés tentent ce challenge. Parfois même aussi des fonctionnaires qui se sentent limités dans leur ascension. Il n'existe pas de profil psychologique type du créateur d'entreprise, du travailleur libéral. Certains d'entre eux sont des sortes d'hyperactifs, continuellement sur la brèche. Leur leitmotiv : « Je dois faire vite. » D'autres présentent un comportement tranquille et réfléchi. Leur credo : penser avant d'agir.

Quelles que soient vos compétences et votre appréhension du monde, la création d'une entreprise vous affranchit, du moins de façon imaginaire, de la tutelle parentale. Car celle que nous avons connue enfant se poursuit, à l'âge adulte, avec les chefs de service, les responsables, les directeurs, tous ceux qui sont en charge de l'autorité. Vous avez la sensation de décider, d'être libéré de l'ascendant des autres, de vivre enfin sans la moindre tutelle. Et même si la contrepartie est souvent lourde en démarches, responsabilités, heures de travail dépensées sans compter, l'autonomie est aussi un état qui procure du plaisir.

JE N'AI PAS CHOISI MON MÉTIER

L'exercice d'un métier ne résulte pas toujours d'une décision prise en connaissance de cause. Nous l'avons vu avec le rôle joué par les influences familiales. En soi, la notion de travail n'est pas très positive. Même si votre emploi vous procure la fierté d'avoir atteint vos buts ou, plus prosaïquement, une bonne fiche de paye à la fin du mois, il est souvent synonyme de fatigue, d'efforts, de contraintes et d'obligations. Et ce d'autant plus si vous ne l'avez pas choisi. Les causes de ce non-choix peuvent être variées : des études et une formation insuffisantes, des difficultés économiques qui vous ont fait prendre le boulot qui se présentait, des rêves d'adolescent qui n'ont pas pu se concrétiser, une pénurie des postes envisagés dans votre région... Bref, vous avez fait comme vous avez pu, mais ce n'est pas réjouissant tous les jours.

L'environnement familial, pour ne pas dire la pression familiale, assumée ou subie, a conditionné plus ou moins directement votre orientation. Dans le meilleur des cas, vous vous retrouvez à exercer un métier que vous pensez avoir choisi, et en apparence valorisant : celui qu'exerçaient déjà vos parents. Certaines professions, plus que d'autres, ont une nette tendance au clonage : les professions médicales, les enseignants, les artisans, les commerçants, les artistes. On devient infirmière ou kiné parce que l'un des deux parents, voire les deux, exercent dans le milieu médical. Un fils ou une fille de notaire reste souvent dans la profession, d'autant qu'il ou elle héritera sans doute d'une étude, ce qui n'est pas négligeable, vu son coût. Quant à reprendre la boulangerie ou la ferme familiale, cela se décide comme une évidence. Vous mettez vos pas dans le sillon tracé avant vous par vos parents. Ils ont déblayé le terrain, constitué un fichier clients, agrandi la boutique, vous ont passé leur savoir-faire à l'heure des apprentissages et vous suivez bon gré, mal gré – c'est selon – sans trop vous poser de questions. Si c'est mal gré, vous pouvez vous demander quand même ce que vous faites là. Vous aviez peut-être pensé à un autre destin mais celui-ci, déjà organisé, vous a paru plus confortable. Ce genre de questionnement survient souvent quand vous traversez une phase difficile : baisse du chiffre d'affaires, cambriolage, contrôle fiscal. Vous pensez : « Si j'étais salarié, je serais bien plus tranquille. » Mais alors, vous rêveriez de la boutique familiale, de la ferme de votre enfance, de l'odeur du pain dans le fournil de votre père. Désirer autre chose, de temps en temps, fait partie des rêveries nécessaires. Pour être en bonne santé, content de vivre, il est sain de fantasmer sur ce que nous ne possédons pas, sur ce à quoi nous avons renoncé. Car être adulte, c'est précisément être capable de choisir.

Pourquoi se résigner ?

Nombre d'entre nous, cependant, doivent renoncer à leurs ambitions d'adolescent pour exercer un métier qu'ils n'ont pas du tout ou pas complètement voulu. Manque d'argent, études insuffisantes, diplôme raté ou non passé, vous avez pris... ce que vous avez trouvé ! Vous êtes devenu représentant en électroménager ou négociateur immobilier, sans pour autant vous passionner pour la pierre ou l'innovation technologique. Ou agent d'entretien, caissière ou téléopérateur par nécessité. Il faut bien vivre et faire bouillir la marmite... Une déficience physique est aussi parfois à l'origine d'une vocation manquée. Comment devenir pilote ou pompier sans l'acuité visuelle exigée ? Cela dit, sauf handicap sérieux sur lequel la médecine ne peut intervenir, rien n'est immuable ni définitif. À trop vous obnubiler sur votre insatisfaction globale de ce métier subi, vous passez fréquemment à côté des solutions concrètes qui pourraient améliorer votre situation. Car vous oubliez du même coup les possibilités de promotion souvent à votre portée là où vous travaillez, quoi que vous en pensiez. En la matière, votre hiérarchie a moins de poids que le regard que vous portez sur vous-même comme sur votre environnement. Avez-vous ne serait-ce qu'imaginé une formation complémentaire, une mutation dans un autre service, voire la recherche d'un meilleur échelon hiérarchique ? Ces éventualités peuvent complètement modifier la perspective de votre statut actuel. Elles vous semblent inaccessibles ? Commencez par demander à vos proches, qui vous connaissent bien, ce qu'ils en pensent. Si cet « examen » n'aboutit pas, faites-vous aider par un professionnel, thérapeute ou coach, qui aura le recul nécessaire pour reconsidérer la situation avec vous. En sachant que cette démarche aura probablement un coût, car il est très difficile d'obtenir un rendez-vous dans un CMP (centre médico-psychologique) où les séances sont prises en charge par la Sécurité sociale.

En tout cas, si vous désespérez au point de remettre en question votre emploi insupportable, ne partez pas sur un coup de tête pour essayer de trouver n'importe quoi ailleurs. Une démission n'arrangera que votre patron. Commencez par établir *vos* critères d'une profession réellement satisfaisante. En effectuant, par exemple, un bilan de compétences pour faire le point sur vous-même. Ce bilan vous permettra peut-être d'évoluer là où vous êtes déjà. Et vous donnera une meilleure confiance en vous. Le site de Pôle Emploi explique très bien comment et pourquoi faire cette démarche.

On peut se tromper

Vous pouvez aussi avoir choisi une profession par goût ou pour réaliser un vieux fantasme, et découvrir en l'exerçant que la réalité ne correspond pas du tout à ce que vous imaginiez avant de la vivre. La déception peut être parfois forte, voire cruelle. Car il ne suffit pas d'avoir une vocation – que l'on croit bien affirmée – pour qu'elle soit infaillible. Il est en effet plus tentant de rêver un avenir que de s'interroger concrètement sur les conditions de sa pratique. Quand on aime la bonne bouffe, ouvrir un restaurant paraît aisé... et alléchant ! Vous avez appris la cuisine avec papa ou maman, peut-être les deux, chacun vous livrant ses spécialités. Et, si vous êtes tendance, vous vous êtes offert un atelier de cuisine avec un vrai chef. Vos verrines étaient parfaites, votre tarte Tatin aussi. Pourquoi ne tenteriez-vous pas l'opération sur une plus grande échelle ? Parce qu'un restaurant, ça se dit aussi « gestaurant ». Impossible de fonctionner sans connaître la gestion. Et pas seulement celle des comptes, mais aussi la gestion des stocks. Sinon, gare au coulage, aux produits périmés et inutilisables. Et, si vous êtes « arrangeant » sur la question, gare aussi à la visite inopinée de l'inspection sanitaire.

À l'heure de la « réalisation personnelle » quasi obligatoire, choisir sa voie apparaît comme une nécessité. Mais n'oubliez pas qu'il est possible d'être, sinon heureux, du moins en paix avec son travail. À condition de l'apprécier pour ce qu'il est dans certains cas, juste un emploi qui vous permet d'assurer votre subsistance. En profitant aussi de la vie après vos heures pointées ! Et enfin, le fait de ne pas avoir choisi son métier ne constitue pas un handicap absolu à la réalisation de soi. Il est tout à fait envisageable de découvrir et d'apprécier votre profession en la vivant *vraiment* au quotidien. Vous pourriez y trouver alors des satisfactions, et même du plaisir, que vous n'aviez pas imaginé au départ.

LE CAS D'ARNAUD

Arnaud est entré comme aide surveillant dans une classe de maternelle. Un homme dans le gynécée, à part les petits garçons, c'était pour le moins courageux et relevait de la curiosité. Les parents l'attendaient au tournant. Les maîtresses aussi. Était-il capable de faire un bisou sans piquer avec sa barbe, et de coucher un petit sans le casser ? Lui voyait cela comme un job provisoire, et une façon de se préparer à la paternité… Deux remplacements et une formation plus tard, il est devenu titulaire de la charge. Les adultes n'en revenaient toujours pas et lui non plus. « En fait, dit-il, je n'étais pas spécialement maternel. Le travail m'a paru rigolo, c'était un challenge à relever. Je suis assez dans la provoc, là j'étais vraiment sous le feu des projecteurs. C'était jouissif. Sauf que les gamins, ce n'est pas seulement le monde des Bisounours. Ça pleure, ça crie, ce n'est pas toujours propre, même si c'est le préalable à l'entrée en maternelle. Ça ne veut pas dormir, il faut trouver des jeux, des animations… J'ai vraiment cru que j'allais être dégoûté des enfants pendant un bon moment… Après mon deuxième remplacement, je suis parti six semaines en Australie avec des potes. À mi-séjour, je n'en pouvais plus : "mes" gosses me manquaient. Je n'arrêtais pas d'écrire, de crayonner pour trouver des jeux qui soient à la fois ludiques et éducatifs. »

Arnaud est aujourd'hui un trentenaire épanoui qui vient de reprendre des études en sciences de l'éducation. Il veut un jour contribuer à la recherche sur les méthodes pédagogiques. C'est un cas exemplaire de réussite à partir de ce qui n'était pour lui, au départ, qu'un moyen de gagner de l'argent d'une manière facilement accessible. Sur le terrain, outre une célébrité passagère, il a surtout découvert que la maternelle n'est pas une simple garderie. Qu'elle bâtit aujourd'hui un socle éducatif pour de nombreux enfants. Qu'elle allait lui permettre de développer sa créativité et son besoin d'éduquer, d'accompagner le cheminement des plus jeunes. Est-ce une des résultantes de son histoire ? A-t-il voulu revivre une enfance dont il avait la nostalgie ? Ou, au contraire, est-il en train de réparer ce qu'il n'a pas reçu ? Difficile à dire. Il n'en a jamais parlé.

DONNEZ-MOI DU SENS :
LA GÉNÉRATION Y

Le terme « génération Y » désigne, en sociologie, des jeunes nés entre 1980 et 1996, sans distinction de sexe. Ils tirent leur nom de la génération précédente que l'on appelait X, et du mot anglais *why* qui signifie « pourquoi », parce qu'ils posent sans cesse des questions. Leur questionnement perpétuel agace souvent les adultes de la génération X. Dans les grandes entreprises comme chez les artisans, et même dans l'Administration. Si vous faites partie des X, vous pouvez vous inspirer des Y, car leur refus des consignes prémâchées au boulot est aussi un exemple de vitalité. Une manière de contester, voire de refuser ce qui paraît stressant et inadapté dans le fonctionnement de son environnement professionnel. En même temps, vous ne pouvez pas toujours vous le permettre. X, vous ne pouvez pas passer d'une boîte à l'autre comme on change de chemise et comme les Y le font. Vous avez des crédits sur le dos, des enfants à élever ou à aider, quelquefois déjà des Y, d'ailleurs.

Si vous faites partie des Y

Vous avez grandi avec la mondialisation, le chômage et la peur du déclassement social. Vous remettez en cause la hiérarchie, le fonctionnement de l'organisation. Vous vous demandez pourquoi vous devriez consacrer toute votre vie au travail et au même patron. Plus diplômés que vos parents, vous avez, en même temps, encore plus de mal qu'eux à entrer dans le monde du travail. Mais vous êtes plus individualistes et n'hésitez pas à changer d'air lorsque votre poste ne correspond plus à vos attentes. Si un patron veut vous garder, il doit vous proposer de véritables opportunités de développement de carrière. Il doit aussi vous faire avancer vite dans la hiérarchie, revoir vos rémunérations à la hausse. Il existe un déphasage entre la culture traditionnelle de l'entreprise axée sur la production, le rendement, la reconnaissance de l'expertise (mais pas forcément le salaire qui va avec) et vos attentes. Élevés dans le culte de la consommation, vous ne supportez pas la frustration.

Comme vous êtes d'abord centrés sur votre propre évolution, le prestige de l'entreprise vous importe peu. Ce qui compte, c'est votre poste, ce que vous gagnez, ce que vous gagnerez de plus dans six mois. Vous êtes exigeants et vous le dites. Les acquis des années 1960 (la contraception, les droits du travail) vous apparaissent comme des avantages ordinaires, voire dépassés. Nés dans un monde où le sida sévissait déjà, vous avez, plus ou moins consciemment, le sentiment aigu que la vie finira un jour de toute façon. Dans ces conditions, il vous est devenu indispensable d'obtenir *maintenant,* et non dans un avenir prétendument radieux, ce que vous espérez de la vie. Et en particulier de votre vie professionnelle.

Pour vous, la famille et la religion sont moins influentes que ne le sont Internet, la télévision, les réseaux sociaux, les nouvelles technologies. L'informatique grand public et l'électronique portable (téléphones mobiles, GPS, photo numérique) sont pour vous la forme ordinaire de la panoplie humaine. On appelle les plus jeunes d'entre vous les *digital natives,* car vous avez sur ces outils une maîtrise intuitive qui dépasse en général largement celle de vos parents. Vous ne vivez plus de la même manière l'autorité parentale. Vous attachez plus d'importance à la parole de vos pairs qu'à celle du père. Autant dire que votre patron, un succédané paternel dans notre culture, ne vous inspire pas plus de crainte que d'estime obligée. Quand vous le respectez, c'est qu'il le mérite, du moins à vos yeux. En ce sens, la génération Y est tout à fait en phase avec le déclin du père, de l'autorité paternelle qui a longtemps organisé les liens de filiation et réglementé les rapports sociaux. Issus d'un monde où le maternel a souvent prévalu, les Y sont plus tournés vers le bien-être, le cocooning. Vous, Y, voulez tout et maintenant. Du coup, votre rapport à la hiérarchie n'est pas celui de vos aînés. Ce qui compte pour vous, ce n'est pas la fonction, c'est l'efficacité. Vous voulez des réponses rapides à votre demande, un aller-retour régulier, un feedback constant sur votre travail. Pour accepter une mission, effectuer une tâche, vous avez besoin qu'on vous en explique les raisons car vous êtes en quête de sens. Toujours le « pourquoi », le *why.* Enfin, contrairement aux générations précédentes, vous refusez de vous adapter à l'entreprise mais demandez qu'elle s'adapte à vous. Si ce n'est pas le cas, vous vous tirez ou vous faites muter ailleurs. Tandis que les X continuent de souffrir.

Si les Y vous marchent sur la tête

Lorsque vous êtes leur supérieur ou leur collègue de la génération X, il vous est parfois difficile de vous adapter aux Y. Vous les trouvez insolents, pressés. Vous ne comprenez pas leur questionnement permanent. Vous avez l'impression qu'ils veulent tout et tout de suite (ce qui est vrai) et vous ne le supportez pas. Chef de service, manager, vous ne pouvez plus, avec eux, vous contenter de donner des ordres pour obtenir satisfaction et de leur être hiérarchiquement supérieur pour être respecté. Vous devez vous montrer vous-même à la hauteur de votre propre tâche et de ce que vous exigez. Lorsque, collègue expérimenté, vous avez suffisamment de bouteille pour ne plus avoir besoin de prouver quoi que ce soit, vous enragez d'être mis en balance par un « petit con ». Alors que vous voudriez être considéré comme un référent, un appui (ce sont un peu vos enfants), ils contestent aussi bien votre expertise que vos ordres ou vos conseils. Ils vous donnent l'impression d'être un « parent abandonné ». Ils ne vous « aiment » pas, ce dont tout patron fait difficilement l'économie. Vous vous regardez dans la glace et vous vous demandez s'il est exact que la ride rend idiot. Vous essuyez une larme mais vous êtes fortement démangé par le désir impérieux de leur botter le cul. Ne le faites pas, ils vous le rendraient. Réjouissez-vous plutôt d'être encore vivant pour expérimenter un phénomène psychologique New Age.

Au vrai, ce qui vous est insupportable est qu'ils refusent ce que vous avez admis. L'attente d'une promotion qui tarde, une bonne évaluation de votre travail qui ne débouche pas sur une augmentation. Les Y vous tendent un miroir grossissant dans lequel vous reconnaissez vos faiblesses, vos compromissions... mais aussi votre patience, votre capacité à tenir sur le long terme. Qui a raison, qui a tort ? Ni vous ni eux. C'est en somme un échange de bons procédés. Vous avez, les uns et les autres, beaucoup à vous enseigner mutuellement, à condition que vous, les seniors, les X, sachiez vous montrer patients. Pour accepter que la raison, le talent ne soient pas toujours du même côté. Vous pourriez en revanche leur apprendre que le compromis n'est pas forcément une compromission. Ils pourraient en échange vous « éduquer à l'impatience », vous donner envie de vivre un peu plus, et un peu plus vite.

J'ATTENDS LA RETRAITE !

Vous, vous êtes sûrement pressé de rentrer chez vous tous les soirs. Votre travail vous déçoit, votre salaire est trop court, vos espérances de promotion infimes (c'est du moins ce que vous croyez). Il vous arrive alors de souhaiter, au moins de temps à autre, que survienne bien vite le moment de la retraite. Vous échapperiez ainsi aux contraintes d'une vie au boulot, à cette fatigue existentielle qui vous mine. C'est un souhait légitime. Pour beaucoup, les loisirs et le temps libre sont préférables aux 35 heures qui les permettent. D'ailleurs, idéalement, vous rêveriez de gagner au Loto. Cela commence à poser quand même un problème lorsque ce vœu, « J'attends la retraite », se répète trop souvent, devenant une sorte de litanie. La date des prochains congés, le nombre d'années à attendre l'âge légal deviennent des obsessions réitérées auprès des collègues, de la famille, des voisins. Tout cela traduit un certain mal-être au travail, une souffrance au quotidien. Et en même temps, le mot « retraite », que vous clamez comme une prière, est source de réflexion. Amère. Son côté « déceptif » définit quelque chose en moins. On dit « battre en retraite », « se mettre en retrait », des expressions qui pointent le recul, la mise sur la touche.

Sans doute n'aimez-vous plus tout à fait votre métier, ou en tout cas les conditions dans lesquelles vous l'exercez. Même si vous n'en êtes pas franchement conscient, ce que vous attendez est une sorte d'« ailleurs » aux contours imprécis. Avez-vous envie de changer de poste, de service ou d'emploi ? Une mutation en province, une expérience à l'étranger réveilleraient-elles votre enthousiasme ? De quoi avez-vous fait le tour, de votre métier, de votre cadre de travail ou de vos collègues ? Espoirs déçus, rêves d'avenir sur lesquels il vous a fallu faire une croix, inconfort d'une profession que vous n'avez pas vraiment choisie : tout cela s'exprime au travers de cette attente grandissante, qui peut devenir compulsive.

De quoi avez-vous besoin dans le présent ?

Si la question devient autour de vous un sujet de plaisanterie, il faut vous en inquiéter et revenir à la cause

première : l'insatisfaction générée par la situation professionnelle *présente*. Car pour l'instant, c'est à partir
de votre situation actuelle que votre « ailleurs » peut être
recherché, et trouvé. Il y a peut-être des aménagements
à mettre en place, de nouvelles pistes à explorer, voire
un changement complet de vie ? Avez-vous songé à un
temps partiel qui vous permettrait de reprendre des
études ? Votre situation économique vous autorise-t-elle
à prendre un congé sabbatique, de quelques semaines ou
de quelques mois, pour buller, lire, découvrir votre
région, un nouveau pays ? Qu'est-ce qui pourrait bien
interrompre cet élan vers une situation, la retraite, tellement effrayante pour d'autres ? Pensez à prendre des
notes, tenez un journal de bord professionnel où vous
consignerez tout ce qui vous rase. Et partagez-en la
lecture avec des personnes sûres, susceptibles de vous
donner un avis.

Les rêves d'évasion traduisent forcément un sentiment
d'enfermement, une pénibilité au travail mal vécue qui
ne peut s'exprimer librement. Il est parfois difficile de
vivre la situation présente, mais il vaut mieux chercher
à la modifier que se projeter dans un temps futur, pour
l'heure imaginaire. Cet auto-interrogatoire mérite d'être
réfléchi pour vous aider à ne pas sombrer dans la
déprime. Mais peut-être avez-vous seulement besoin
d'un break, d'un temps de repos pour repartir de plus
belle ? Car une bonne retraite se prépare largement à
l'avance, concrètement et émotionnellement. Mettre de
l'argent de côté, quand c'est possible, faire un place-
ment, acheter un studio dont le loyer complétera vos

revenus, autant de précautions indispensables... mais insuffisantes. Encore faut-il ménager votre santé, prendre soin de votre corps et, plus encore, songer à maintenir votre intelligence et votre curiosité en éveil. Un retraité heureux est un retraité qui a su, durant sa vie active, mettre en place des relais : se cultiver, écrire, lire, s'adonner à une passion. Des occupations alternatives qui lui permettront, le jour J, de ne pas se retrouver l'esprit vide et les bras ballants.

Même si les publicitaires et les économistes considèrent aujourd'hui que la retraite est un marché, le retraité lui-même ne bénéficie pas de la même considération. Le jeunisme ambiant érige au contraire le culte du « lisse » : pas de rides ! Pour autant, la notion d'âge et de vieillissement ne relève pas d'une donnée « absolue », mais d'une évaluation sociale et culturelle. La vieillesse, au même titre que la jeunesse, ce sont d'abord des sensations, le sentiment qu'on en éprouve. Le corps réel vieillit bien sûr, mais l'idée qu'on se fait de la vieillesse dépend de données imaginaires liées à son expérience personnelle et à son histoire. Autrement dit, au-delà des paramètres biologiques, tout le monde ne vieillit pas de la même manière. Il y a des vies qui déclinent plus vite que d'autres. L'âge s'ordonne entre le regard que vous portez aujourd'hui sur vous, et le regard des autres. C'est donc au cours de votre vie active que vous préparez psychiquement votre retraite. Même lorsque vous ne l'attendez pas impatiemment.

QUELQUES QUESTIONS À SE POSER
EN ATTENDANT LA RETRAITE

❒ Est-ce que mon travail m'ennuie ?

❒ Pourquoi ?

❒ De qui ou de quoi ai-je envie de me séparer : mon métier ou ma fonction, le cadre de mon boulot ou mes collègues ?

❒ Depuis quand n'ai-je pas entrepris un vrai projet : organiser un voyage inhabituel, préparer une grande fête avec tous mes amis, refaire la salle de bains ?

❒ Pourquoi est-ce que je ne fais plus de sport ?

❒ Depuis combien de temps n'ai-je pas pris rendez-vous dans un institut de beauté ?

❒ « Je n'ai pas le temps », voilà ma formule préférée. Est-ce que je travaille vraiment plus que d'habitude ?

3

TRAVAIL ET VIE PERSONNELLE

Y A-T-IL UNE VIE APRÈS LE TRAVAIL ?

Motivation personnelle ou contrainte d'organisation, le temps de travail représente parfois l'essentiel de la vie, notamment chez les cadres et les entrepreneurs. Car travailler beaucoup, c'est se montrer efficace, se faire reconnaître de ses chefs, augmenter ses chances de monter en grade. C'est aussi gagner plus d'argent quand on exerce comme artisan ou dans une profession libérale. C'est développer sa boîte quand on est patron. Autant de satisfactions qui permettent de croire qu'on se dirige vers le sommet de la Pyramide de Maslow (voir p. 62). Mais à quel prix ? On oublie que le sommet de cette pyramide ne comprend pas que la réussite professionnelle. C'est un étage de réalisation, développement personnel et spirituel compris.

La famille, les loisirs et les amis peuvent se trouver relégués au second plan, voire oubliés. Car pour certains, le travail est une véritable addiction, à l'instar de l'alcool ou du tabac. On sait qu'une personne « accro » à une substance est dominée par le besoin impérieux de l'absorber. Quels que soient l'heure, le moment ou le jour, le manque survient si le produit ne peut être consommé. Accro du boulot, vous vivez les week-ends et congés comme une perte de temps. Il s'ensuit une perte des relations affectives. Et un désintérêt, plus ou moins évident, pour tout ce qui ne fait pas partie de l'espace clos des tâches à exécuter. Attention, danger ! Pour vous-même et pour les vôtres.

Les bons prétextes des addicts au boulot

« Dis papa, pourquoi tu pars travailler ?

– Pour gagner de l'argent et t'acheter de quoi manger, mon enfant !

– Je n'ai pas faim maintenant, alors tu n'as pas besoin d'aller travailler ! »

Dans ce dialogue, extrait d'une chanson des années 1970, s'exprime clairement l'idée qu'un enfant a plus besoin de la présence de ses parents que de leur salaire. Pourtant, homme ou femme, la nécessité de nourrir votre famille vous offre sans doute un excellent prétexte pour justifier votre addiction au travail. Certes, les enfants ne se posent guère de questions, surtout les plus jeunes. Pour eux, le bien-être vient tout naturellement de leurs parents. Le confort tombe du ciel... Mais des absences régulières en sont la contrepartie. Ils doivent parfois s'habituer à préparer le repas du soir. Ils font leurs devoirs tout seuls. Ils renoncent à demander de l'aide à papa devant un problème de maths compliqué car il est encore sur son ordi ou au téléphone. D'ailleurs, maman aussi rapporte de plus en plus souvent du travail à la maison. Aux tâches ménagères qu'elle continue d'assumer s'ajoute le poids de consignes à préparer pour demain, des coups de fil à passer pour remplacer une collègue malade...

Certes, il faut bien subvenir aux besoins de ses enfants. Cependant, derrière la volonté de leur offrir des vacances de neige ou un séjour linguistique pointe quelquefois le désir impérieux de travailler à ses propres ambitions. Derrière les heures supplémentaires qui ne sont pas imposées par l'employeur, les retours tardifs à la maison, les week-ends morcelés, peut se dissimuler aussi la volonté inconsciente de s'éloigner du cadre familial. Le couple bat peut-être de l'aile. Les demandes des enfants, leur présence exigeante vous pèsent. Mais vous n'osez pas vous l'avouer clairement.

Le souci d'une confortable réussite financière, le « discours sacrificiel » autour du sacro-saint bien-être des enfants peuvent également camoufler une forme d'égocentrisme, l'envie de vous faire plaisir d'abord. Le cadre familial, avec ses moments de joies mais aussi de corvées, n'est pas toujours gratifiant. Donner le bain aux petits tous les soirs n'est pas forcément un plaisir, les faire dîner non plus. En dépit du discours politiquement correct qui exalte la maternité et la paternité, on n'y trouve pas toujours d'intenses satisfactions. Quelques livres salutaires sont sortis ces dernières années comme

Je hais les enfants des autres, qui remettent à une place équitable les notions autour de la famille. Être parents d'accord, en y prenant du plaisir mais sans s'immoler sur l'autel de la parentalité.

Il n'empêche, les enfants exigent que vous leur consacriez du temps. Ils ont un besoin permanent d'écoute, d'attention et, surtout, d'amour. Les adultes qui passent par l'épreuve du divan du psy évoquent presque toujours une défaillance affective. D'une manière ou d'une autre. Ils parlent de leur père, de leur mère, d'un autre membre de leur famille pour souligner qu'à un moment de leur enfance, ils n'ont pas été entendus, compris : sacrifier ses enfants à son travail peut révéler une faille remontant loin en arrière dans votre propre enfance. S'occuper le moins possible de ses enfants peut aussi trahir le rejet (jamais avoué) d'une situation de parent plus imposée que voulue. C'est plus fréquemment le cas des hommes.

Remettez donc à plat les vraies raisons d'une trop forte tendance à vous immerger dans le travail, sous le prétexte d'avoir à nourrir vos enfants. Prendre le temps d'être avec eux, les câliner, s'intéresser à leurs problèmes, les accompagner dans leurs jeux est aussi une bonne manière de lutter contre le stress… professionnel ! Autrement dit, il faut savoir « donner sa juste place au travail ».

Votre équilibre en péril

Addict au boulot, vous courez également le risque, si votre activité professionnelle s'interrompt (un accident, la maladie, le chômage), de vous retrouver en plein désarroi, voire en dépression. D'autant qu'aujourd'hui, vous consultez vos mails et vos textos sur votre portable, vous y répondez, vous écoutez votre répondeur à tout moment. Vous vivez ainsi continuellement branché sur votre activité, en alerte permanente. Plus que d'autres, vous offrez une porte d'entrée au stress et au *burn out*. À l'instar des toxicomanes, les « travaillomanes » (terme emprunté à la Process Com, un outil d'évaluation psychologique), souffrent d'une carence existentielle, d'une sorte de vide psychique qui a besoin d'être comblé. Avez-vous été suffisamment choyé, encadré durant votre enfance ? Pas sûr si, par exemple, vos parents rentraient tard, et vous avaient préparé un repas que vous avaliez seul. Ou, à l'inverse, si vos nombreux frères et sœurs, et une mère toujours présente, vous ont étouffé. Vous auriez eu besoin de faire le vide, de vous éloigner, mais vous ne pouviez pas. Vous étiez bien trop jeune. Solitude et oppression peuvent aboutir au même résultat, en vous mettant dans un état de vacuité, de vide. Aujourd'hui encore, le manque des autres comme leur présence envahissante peuvent vous insupporter. Mieux vaut vous réfugier sur vos machines !

Mais faire de votre travail le centre de votre existence est dangereux. Ne prenez pas le risque de le découvrir trop tard. Ce n'est pas une question de moyens ni de prétendues obligations mais d'état d'esprit et d'entraînement. Il y a une vie après le travail ! À condition de faire la part des choses entre le nécessaire (vous investir, vous réaliser, gagner de l'argent) et ce qui relève de l'abus (rentrer à point d'heure, n'évoquer que le boulot dans vos conversations). L'être humain n'est pas une entité unidimensionnelle. Pour vivre en harmonie, il a besoin de pain, de vin et de jeux, comme l'affirmaient les Romains. Sacrifier votre vie familiale et sociale, c'est risquer d'en payer le prix sur le plan somatique, psychologique et affectif. Une fatigue qui perdure, des insomnies ou le contraire, de l'hypersomnie, des troubles digestifs, une mauvaise humeur persistante, des crises de larmes, l'envie d'exploser ne sont que quelques-uns des malaises que vous pourriez éprouver.

Le temps consacré à d'autres activités en toute liberté – même les plus simples comme lire un roman ou se délasser à la terrasse ensoleillée d'un café – est nécessaire pour se ressourcer. Vous pourrez ainsi vous ouvrir à des sensations différentes, avoir une autre perception de la vie. Consacrer l'essentiel de son temps au boulot engendre les mêmes effets que n'importe quelle autre drogue : dépendance physique et psychique, oubli de soi et des autres, insatisfaction permanente dès que la molécule nécessaire (en l'occurrence le travail) n'est plus disponible. Mais le sevrage est tout de même plus facile à mettre en œuvre si l'on commence à s'intéresser de temps en temps à autre chose, à petites doses.

PETIT TEST D'ADDICTION AU TRAVAIL

Répondez honnêtement à ces quelques questions simples sur vos capacités à décrocher.

❒ Avez-vous déjà déconnecté votre boîte mail tout un week-end ?

❒ Rentrez-vous chez vous au moins une fois par semaine avant la nuit (même l'hiver) ?

❒ Quand on vous parle d'une réunion, pensez-vous d'abord à l'heure à laquelle elle sera fixée ?

❒ Avez-vous déjà programmé une semaine de vacances au moins trois mois à l'avance ?

❒ Êtes-vous toujours à l'heure pour un rendez-vous privé ?

❒ Pouvez-vous ne pas parler de votre travail pendant tout un dîner ?

❒ Savez-vous profiter pleinement et régulièrement de la présence de vos enfants ?

❒ Pouvez-vous laisser en plan avant le week-end un dossier raisonnablement urgent ?

❒ Êtes-vous déjà parti plus tôt du travail pour aller voir un bon film (en prétextant ce que vous voulez) ?

❒ Vous offrez-vous quelques minutes de relaxation tous les jours, même au bureau et devant tout le monde ?

Comment lâcher prise

Le lâcher-prise commence lorsque vous équilibrez le temps consacré à votre vie professionnelle et celui réservé à votre vie privée.

– Visualisez une balance mentale.

– Posez sur le plateau de droite la quantité consacrée à tout ce qui vous est personnel. À gauche, déposez le professionnel.

La partie droite, apparentée à votre cerveau droit, symbolise votre émotion, votre imaginaire, tout ce qui contribue à vous ouvrir au monde des relations, aux échanges, au développement personnel. La partie gauche, c'est votre mental, vos capacités de mesure et de réflexion. Ce sont aussi vos qualités de chef ou d'employé dévoué.

Maintenant, vous constatez que le fléau de la balance commence à osciller. L'un des plateaux penche-t-il plus que l'autre ? Ôtez ce qui pèse trop du côté le plus lourd. Soyez précis. Examinez le contenu de ce que vous avez retiré et notez bien de quel côté penche la balance.

Nous ne retiendrons que ce qui concerne le côté gauche, soit votre vie professionnelle.

– S'agit-il d'heures supplémentaires ? Si c'est le cas, vous sont-elles payées et avez-vous besoin de cet argent ?

– Vous emportez du travail à finir à la maison. Êtes-vous sûr qu'il s'agisse d'une nécessité ?

– Pourquoi ne prenez-vous pas plus souvent le temps de déjeuner ? La pause repas est un moment de détente et de ressourcement.

– Vous êtes souvent en retard sur votre planning. Travaillez à votre gestion du temps et des agendas. Il existe pour cela des guides très bien faits, et même des formations.

– Lorsque vous aurez trié, évalué tout ce qui contribue à vous écraser, rangez-le dans un tiroir. Vous pourrez le reprendre une autre fois, remplacer certains éléments.

En attendant, dites-vous que ces entassements sur la balance constituent une sorte d'intoxication. Vous êtes encombré par des toxines psychiques qui pourraient bien peser sur votre santé physique. Vous n'avez tout de même pas envie d'en arriver là !

PETITS EXERCICES À RÉALISER COMME SI C'ÉTAIT DU TRAVAIL

❐ Passez au moins une demi-heure à la terrasse d'un café entre 13 heures et 14 heures, avec qui vous voulez mais sans collègues de travail ni accès mail.

❐ Entrez aux heures ouvrables dans une librairie pour choisir un roman, avec l'aide du libraire. (Ne trichez pas en commandant sur Internet la nuit !)

❐ Choisissez un jour de la semaine, toujours le même, pour aller chercher vos enfants à la sortie de l'école.

❐ Inscrivez-vous à une activité de loisirs, au choix (sport, théâtre…) sans manquer de séance.

ET SI JE RESTAIS À LA MAISON ?

Dans l'imaginaire culturel qui est le nôtre, « rester à la maison » est assimilé à « ne rien faire ». Même si vous êtes une mère de famille débordée. Attention ! Nous ne parlons pas ici des personnes qui décident de travailler à domicile – que nous évoquerons plus loin – mais des femmes ou des hommes « au foyer », qui assurent les tâches ménagères, les courses, les repas, la garde des enfants, etc. Vous avez dit « ne rien faire » ?

Notre société privilégie l'effort professionnel, la réussite, l'ambition, les gains financiers. Mais vous, ce que vous voulez, c'est réussir votre vie et non « réussir dans la vie ». Hélas, sans métier officiel, vous êtes souvent disqualifié. On vous prête de la paresse, une sorte de mollesse morale et physique, un manque d'ambition douteux. L'impératif de se construire soi-même est devenu un passage presque obligé. Les individus sont tenus de s'inventer eux-mêmes sous peine de passer pour des *losers*, comme le montre le sociologue Alain Ehrenberg dans son livre *La Fatigue d'être soi*[1] : « Les notions de projet, de motivation, de communication dominent notre culture normative. Elles sont les mots de passe de l'époque. » Le « sans-travail », même s'il n'est pas au chômage, apparaît souvent comme une bouche inutile à la charge de son conjoint. Y compris désormais si c'est

---

1. *La Fatigue d'être soi*, Odile Jacob, 2008.

une femme, surtout si elle a fait des études. Mère au foyer par choix, on vous soupçonne d'avoir des loisirs, du temps pour vous pomponner... En attendant, vos enfants encore petits échappent aux aléas des gardes en nourrice ou en crèche, aux repas bruyants à la cantine, et vous aux frais et au marathon qui vont avec.

Si c'est un homme qui prend cette place, il peut être taxé de gigolo. Nos schémas mentaux ont la vie dure. Le chômage menace tout le monde, la valeur travail est donc encore plus hautement valorisée. Pourtant, en particulier dans les pays scandinaves, de nombreux hommes, par choix ou par nécessité, ont inversé les rôles traditionnels dévolus au couple. Ils l'ont fait par obligation – le chômage ou une perte d'emploi définitive, surtout après la cinquantaine. Ou bien l'activité professionnelle de leur femme est nettement plus rémunératrice que celle qu'ils pourraient exercer.

LE CAS DE BENOÎT

Benoît, trente-cinq ans, compose de la musique sur son ordinateur. Il la mixe avec des morceaux de guitare et de batterie qu'il compose aussi lui-même. Percussions, orgue, écrans, platine, son atelier est un laboratoire installé dans la grange d'une belle maison rurale près de Paris. Il l'occupe avec Magali, quarante ans, une informaticienne qui travaille à plein temps dans une grosse compagnie d'assurances. Quand ils se sont rencontrés il y a cinq ans, Magali avait déjà une fille, Sonia, dix ans aujourd'hui. Depuis, ils ont fabriqué un petit Anatole qui a maintenant trois ans. Au

107

début et pendant un an, Benoît a été successivement vendeur chez Mac Do, préposé au parking d'une autoroute, déménageur à la journée. Peu intéressé par les études, il n'a pas de diplômes. Sa seule passion, c'est la musique. Il a bien essayé de s'intégrer dans de modestes orchestres, mais sans succès. Quand ils ont décidé d'avoir un enfant, Magali lui a proposé de rester à la maison après la naissance du bébé. La décision a été facile : Benoît, hors la musique, n'avait aucune autre envie. L'idée était séduisante et envisageable. Aîné d'une famille nombreuse de parents enseignants et plutôt baba-cool, il s'était beaucoup occupé de ses frères et sœurs. Son père et sa mère se partageaient déjà les tâches ménagères et y associaient les enfants : lessive, aspirateur, repassage, cuisine... Aucune de ces besognes ne lui paraissait donc insurmontable. Il a juste appris à s'occuper d'un bébé avec l'aide de sa mère et de quelques bouquins. Dans le village, on a d'abord regardé avec étonnement ce grand garçon calme et robuste qui vivait... comme une femme ! « Est-ce qu'il ne serait pas un peu, enfin, sur les bords, vous voyez ce que je veux dire ?... » Il en a souri. Mais quand, à l'épicerie du village, un garçon un peu éméché a tenu des propos inacceptables, il l'a carrément menacé de son poing dans la figure. Depuis, on lui fiche la paix.

La différence, surtout quand elle s'affiche dans un lieu clos, à l'écart de la ville, est souvent perçue comme une menace. Un village, un groupe restreint, a besoin de croire que tous ses membres, les « siens », partagent le même type de valeurs. Tout particularisme est vécu comme une agression. Car ce qui n'est pas « du soi », c'est « de l'étranger », un objet inquiétant qui pourrait porter atteinte à l'intégrité du corps social, vécu comme une personne. C'est « Touche pas à mon pote » version clocher. En outre, les conventions psychiques et culturelles produisent de petites phrases telles que « Normalement une femme est plus jeune que son mari », « Une femme peut rester à la maison, pas un homme », « Un homme peut-il vraiment s'occuper d'un bébé ? ». Autant de « projections », un terme psychanalytique qui désigne notre cinéma intérieur, destinées à épingler l'autre pour le ranger dans notre musée intime. Le seul qui nous paraisse rassurant.

Se ménager une pause

Qu'on soit une femme ou un homme, il existe donc de bonnes raisons pour rester à la maison, au moins à certaines périodes de la vie. Bébés ou pas, d'ailleurs, une pause sabbatique d'un an ou deux est souvent bénéfique pour faire le point sur votre parcours professionnel, après plusieurs années d'intense activité. C'est le meilleur moyen de repartir ensuite travailler sur des bases plus conformes à vos désirs. Ou pour éventuellement changer de métier. Surtout si votre travail ne vous apportait rien d'épanouissant. Parfois, ce qui apparaît comme une vraie tuile, un cas de force majeure, peut vous offrir la chance de vous accorder cette pause : votre conjoint a obtenu une mutation intéressante, et vous ne retrouvez pas de poste correspondant à vos capacités là où vous allez. Ce peut être aussi un parent âgé, un enfant handicapé qui exigent une présence permanente, des soins constants. Mais dans ce cas, mieux vaut assurer des garde-fous quant à la décision que vous prenez, celle de rester à la maison pour vous occuper de lui ou d'elle. Il est parfois préférable de demander une aide-ménagère, de mettre en place une hospitalisation à domicile, plutôt que d'assumer vingt-quatre heures sur vingt-quatre une personne fragile et dépendante. Car vous risquez, à la longue, de lui faire payer le poids de votre frustration. Même prudence si vous envisagez de quitter votre emploi « à cause » des enfants.

LE CAS DE NICOLE

« J'ai toujours beaucoup aimé mon métier, explique Nicole, et n'ai jamais cessé de travailler à plein temps avec trois enfants. Mais à un moment de ma vie de mère, j'ai eu l'impression que je les négligeais un peu trop. Leur père n'était pas plus présent que moi. Les deux plus jeunes avaient entre huit et onze ans et leurs résultats scolaires n'étaient pas formidables. Comme je rentrais assez tard, je surveillais très peu leurs devoirs. Pas le temps, et pas très envie non plus. Je me suis sentie soudain coupable de tant d'absence depuis si longtemps. J'ai fini par leur dire : « Si vos bulletins ne s'améliorent pas, je vais m'arrêter de travailler pour mieux m'occuper de vous. Et je pourrai aussi vous préparer de bons goûters, comme une vraie maman. » Réponse instantanée et unanime : « Pour que tu sois tout le temps sur notre dos ? Surtout pas ! Non non, on se débrouille très bien tout seuls, tu vas voir. Promis, l'école, on va s'y mettre. » Ce qu'ils ont fait. Peut-être plus pour moi que pour eux d'ailleurs, pour respecter ce qu'ils savaient être mon choix de vie. Mais moi, je suis repartie au bureau plus sereine dans ma tête. En me disant que s'ils avaient réagi de cette manière, en se montrant auto-nomes et responsables, c'était justement parce qu'ils ne m'avaient jamais eue sur le dos du matin au soir. Ils avaient vite appris à beurrer leurs tartines tout seuls.

Une image souvent évoquée pour illustrer une relation à deux est l'écharpe que chacun tient par un bout et qui les relie. Autrement dit, nous sommes complètement responsables du bout que nous tenons. Si, au lieu de parler sincèrement à ses enfants, Nicole s'était repliée sur sa culpabilité, ou si elle avait pris la décision de s'arrêter de travailler en croyant que c'était nécessaire à leur équilibre, elle n'aurait pas deviné que ceux-ci vivaient très bien leur situation présente. Leur désinvestissement scolaire n'était donc pas dû à l'absence maternelle... comme nombre d'entre nous l'imaginent. La mère « culturelle » est une sorte de Ganesh, le dieu éléphant hindou. Doté d'une trompe, de deux seins, de plusieurs bras et de plusieurs mains, Ganesh est censé être partout. De la même manière, cette mère « culturelle » idéale est sereine et courageuse, elle vaque au bureau, au magasin ou à l'usine, mais aussi à la maison où elle tient l'aspirateur d'une main et une menotte dans l'autre. Quand elle a fini, elle va vite retrouver son partenaire au lit pour un câlin. La mère culturelle est parfaite. La vraie mère, elle, est « normale ». La preuve ? Elle peut se sentir coupable. Le mérite de Nicole est d'avoir osé parler à ses enfants comme s'ils étaient capables de la comprendre. Et elle a eu raison, car elle leur a permis de s'exprimer à leur tour de façon loyale, sans craindre de lui faire de la peine. Une belle relation « adulte-adulte », comme disent les tenants de l'analyse transactionnelle.

Cela dit, les hommes aussi bien que les femmes qui décident de ne pas travailler à l'extérieur y voient un avantage qui les conforte dans leur décision : ils peuvent gérer comme ils le veulent leur emploi du temps. Faire les courses en dehors des heures d'affluence, prendre le temps de se cultiver, s'offrir des moments strictement réservés à eux-mêmes, sport, soins corporels, balades... Les patients « mâles » qui se déplacent l'après-midi pour une séance à mon cabinet sont d'ailleurs souvent des hommes à la maison. Mais le principe n'est pas encore bien accepté par tous. Les hommes à la maison suscitent de la méfiance – « C'est sûrement un gros fainéant », « Le vit-elle aussi bien qu'elle le dit ? », « C'est facile de refuser d'aller bosser, à partir du moment où quelqu'un assume à côté ! » –, ils ont heureusement un psy aux oreilles ouvertes capable d'entendre que le monde change.

Restent vos parents, vos proches, vos amis, vos voisins, qui murmurent qu'en cas de pépin, perte d'emploi de votre partenaire ou rupture, vous risquez de vous retrouver dans de sales draps. C'est vrai, mais en attendant vous faites des économies en exécutant des charges qui pèsent lourd quand on travaille tous les deux à l'extérieur : nounou, cuisine équilibrée, ménage, tonte de pelouse... Si votre conjoint supporte cette manière de vivre, s'il l'encourage malgré des revenus moindres pour votre couple, c'est qu'il y trouve son compte. Partant de là, lorsque vous prenez la décision ensemble (un salaire pour deux), précisez ce qui se passera si vous vous séparez. De préférence par écrit, comme un contrat. Car devoir retravailler après un divorce, avec un trou de dix ans dans son CV, ce n'est vraiment pas facile !

TRAVAILLEUR AU FOYER :
COMMENT RÉPONDRE AUX DÉTRACTEURS

Exactement de la façon dont on traite les manipulateurs lorsqu'ils essaient de vous déstabiliser sur le thème : « Franchement, si j'étais à ta place, je ne prendrais pas ce risque. » Or, justement, personne n'est à votre place ! Alors vous pouvez répondre :

☐ C'est ton point de vue.

☐ Vous pouvez le penser.

☐ C'est ton interprétation.

☐ On peut le voir sous cet angle.

☐ On parle souvent de choses qu'on ne connaît pas.

☐ Vous ne voyez qu'une partie de l'histoire.

☐ J'ai une opinion différente.

☐ Si tu parles de l'avenir, je n'ai pas de don de voyance.

☐ Et encore, vous ne savez pas tout !

☐ Cela m'amuse justement de ne pas faire comme tout le monde...

Et, ne l'oubliez pas, c'est votre vie, pas la leur. Vous n'avez pas à vous en excuser.

113

COUPLE ET MUTATION : QUI SE SACRIFIE ?

En ces temps de mobilité professionnelle croissante, les mutations sont de plus en plus fréquentes, avec d'inévitables répercussions sur le couple comme sur la famille.

Dans certains métiers, le changement d'affectation fait partie des contraintes connues dès le départ. C'est le cas des militaires et de certaines catégories de fonctionnaires. Si vous êtes prof, juge, vous savez que vous devrez changer de résidence tous les quatre à cinq ans, vous éloigner parfois à des centaines de kilomètres. Dans les grosses entreprises, les multinationales, la promotion des cadres passe souvent par un changement de pays, voire de continent. Et désormais, au gré des fermetures de sites de production, un technicien ou une assistante de direction peuvent être contraints d'accepter un reclassement loin de chez eux pour garder leur emploi. Dans tous les cas, c'est toujours la même question qui se pose : « Qui, de toi ou de moi, va se sacrifier là-dedans ? » Autrefois, le dilemme se réglait facilement. Les femmes – si elles travaillaient – exerçaient souvent une activité moins bien rémunérée que celle de leur conjoint. Il leur était donc plus facile de retrouver un travail de secrétaire ou de vendeuse dans une autre région. Aujourd'hui, les femmes cadres sont de plus en plus nombreuses. Vous avez fait des études, obtenu des diplômes, vous avez investi des postes qui n'ont rien à envier à ceux de votre compagnon. Et même si, à compétence égale, votre rémunération demeure inférieure (sauf dans la fonction publique), votre salaire n'est plus du tout accessoire. Votre plan de carrière non plus. Pour une femme, le sacrifice demandé ne peut plus avoir la même résonance qu'autrefois.

Sans compter que, désormais, la mutation peut la concerner autant que son conjoint. Dans tous les cas, la question se discute avec ardeur, parfois dans la violence. Le travail, source d'identité et d'épanouissement, migre sur le terrain de la suprématie, de la domination : « Qui, de toi ou de moi, est le meilleur, le plus intelligent, le plus brillant ? » Car c'est bien le fond du débat, même si ce n'est pas dit ainsi. Dans les thérapies de couple, quand un homme et une femme consultent parce qu'ils se heurtent à tout propos, mais ont néanmoins envie de rester ensemble, le conflit se déplacera sur le terrain du pouvoir à un moment ou à un autre. Quels que soient les motifs de leurs dissensions, la question de la prédominance de l'un sur l'autre est presque toujours centrale. On prétend qu'en amour il est nécessaire de s'admirer. Quand le système dysfonctionne, l'admiration est l'un des facteurs de conflit les plus sûrs : il nourrit la fureur d'avoir été émerveillé par un être devenu détestable à vos yeux, ce qui vous oblige à faire le deuil pénible de vos fantasmes amoureux. On peut d'ailleurs admirer tout en étant envieux. Ce qui vous ravit chez l'autre, c'est aussi ce que vous pensez ne pas avoir. Du coup, quand un conflit éclate, vous n'avez de cesse de rattraper cet écart. Pour briller, être « au-dessus ».

En cas de mutation, le conflit vous oblige à repenser vos rôles, vos attributions, en tant qu'homme et en tant que femme. Même si, jusque-là, vous vous partagiez plus ou moins le soin des enfants et les tâches ménagères, de vieilles lunes culturelles peuvent ressurgir : « C'est ton rôle de mère de t'occuper des enfants », dira-t-il. « Je ne suis pas la bonne, j'ai autre chose à faire dans la vie », répondra-t-elle. Comme si des décennies de luttes féministes, de modifications des attributions conventionnelles de chacun étaient en train de s'effacer. Quelle que soit l'avancée des lois qui confirment l'égalité des sexes, dans les pays occidentaux du moins, un vieux fond de machisme perdure chez les hommes. Assorti de culpabilité chez les femmes, pour ce qui concerne leur rôle de mère. Encore un avatar de nos vieux canevas mentaux. Socialement, la réussite professionnelle de l'homme reste souvent prioritaire. Tandis que la femme d'aujourd'hui – vous – moderne, professionnelle et ambitieuse, doit aussi et d'abord posséder les qualités d'une bonne mère, d'une épouse attentive et d'une maîtresse affirmée. Fatigante et lourde tâche qui se complique encore quand un projet de mutation s'annonce. Devez-vous vous effacer au profit de règles non écrites mais communément admises ? Vous rebeller pour faire prévaloir votre compétence et votre investissement professionnel ? Quelle que soit l'orientation choisie, vous devrez généralement affronter votre propre culpabilité si vous avez des enfants. N'êtes-vous pas, de toute éternité, la gardienne d'un foyer uni, le point de rencontre et d'équilibre entre le dehors (le travail) et le dedans (la maison) ?

De toute façon, confrontés à la nécessité d'une mutation pour l'un des deux, les partenaires d'un couple jouent leur héritage culturel et affrontent en même temps la réalité de la suprématie de l'un sur l'autre.

Oublier les jeux de pouvoir

En cas de mutation, les questions financières nécessitent également une réflexion approfondie. S'il vous faut déménager, revendre votre logement, en trouver un autre, devez-vous vous lancer immédiatement dans un nouvel achat ou louer ? Quel que soit votre choix, il va falloir vous déplacer, humer l'air de la ville ou du village dans lequel vous avez décidé de vous installer. Mais qui de vous deux va s'en occuper ? Autant de problèmes, de tergiversations qui alimentent à la fois des tensions mais aussi le plaisir de se lancer dans un projet excitant. Seule la discussion, la recherche d'un consensus, la mise en commun des idées permet de surmonter les complications d'une mutation. Quand ce type de projet tourne au rapport de forces, il ne fait généralement que mettre en lumière des difficultés plus profondes au sein du couple.

Pour une mutation réussie, passé les premiers affrontements souvent nécessaires, lâchez donc les jeux de pouvoir. Prenez du recul, abandonnez le terrain de l'émotion. En évitant, par exemple, de remettre sur le tapis de vieux conflits jamais réglés. Au fil de votre histoire commune, une vieille couche de conflits a été recouverte par une autre couche, qui se trouve elle-même recouverte à son tour, et ainsi de suite : lorsque la crise éclate autour de la mutation, votre couple est propriétaire d'un magnifique millefeuille dans lequel se cache une bombe. Au moindre faux pas de l'un ou de l'autre, le gâteau conjugal peut exploser. Mais que trouve-t-on à l'intérieur ? À vrai dire, nul ne saurait décrire à distance le contenu singulier du vôtre. Toutefois, de grandes lignes de force (à haute tension bien sûr) peuvent se dégager dans tous les ménages. La jalousie amoureuse de base : « Tu passes toujours ton temps à regarder la voisine. » Des divergences d'intendance autour de qui fait quoi : « J'en ai assez de toujours descendre la poubelle. » Des conflits d'intérêt sur l'usage de la télé : « Je ne peux jamais regarder ce qui m'intéresse. » Des questions financières sur l'emploi du budget commun : « Tu t'es encore acheté un tailleur. » Vous noterez la répétition d'adverbes tels que « encore » et surtout « toujours » et « jamais » qui servent à démontrer que tout comportement serait définitif. Ils constituent des obstacles plus ou moins volontaires à la communication.

Si vous vous débrouillez pour écarter tout le patchwork émotionnel de votre couple, vous allez pouvoir passer à des interrogations concrètes. Quels sont les avantages techniques de cette mutation ? Aussi bien pour vous deux que pour les enfants. Cette mutation se traduit-elle par de réels avantages matériels et financiers ? Augmentation conséquente de salaire, possibilité de louer ou d'acheter plus grand et dans une ville plus agréable, indemnités de déménagement et d'installation, proximité des établissements scolaires, équipements sportifs et culturels. C'est précis, factuel, objectif.

Cependant, il vous faudra peut-être affronter aussi votre progéniture. Les enfants, en particulier les adolescents, n'apprécient guère de se retrouver coupés de leur établissement scolaire, de leurs copains. C'est donc aussi avec eux qu'il faudra compter, discuter, voire batailler.

Parfois, on peut envisager de conserver son lieu de résidence habituel. À condition que la distance et les moyens de transport permettent à celui ou celle qui est muté de revenir régulièrement.

LE CAS DE PHILIPPE

Philippe est responsable de la communication dans une grosse entreprise d'agroalimentaire dont le siège se trouve à Strasbourg. Mais entre les agences de pub, les attachés de presse, les boîtes de com, le gros de son activité se concentre sur Paris. Lyonnais de naissance et de passion, il a préféré conserver quand même la maison de ses parents qu'il occupe aujourd'hui près de Villeurbanne. Il jongle avec les horaires de TGV dont il apprécie « le confort pour travailler » et ne renoncerait pour rien au monde à ses chers « bouchons » lyonnais. Son épouse, institutrice, s'accommode parfaitement de leurs week-ends festifs, et de ses très longues vacances qui lui permettent de profiter des enfants.

Dans certaines unions, qui ne fonctionnent pas sur un modèle passionnel, dont l'existence a fait de « bons compagnons », des « associés paisibles », le système qui consiste à se retrouver chaque week-end marche bien. Il peut même remettre du piquant à l'intérieur du couple. Se retrouver en fin de semaine recrée la situation du début, quand les intéressés ne vivaient pas encore ensemble !

TRAVAILLER EN FAMILLE

La famille a ses obligations collectives, ses règles, ses usages, son histoire et son mode de fonctionnement spécifique. Quand des membres de cette famille décident de travailler ensemble, celle-ci peut s'enrichir. Et pas seulement sur le plan financier. On se connaît de longue date, on n'a pas besoin de se découvrir. L'adaptation est plus rapide, l'avenir de tous assuré. Mais le mélange des territoires professionnel et privé est également plus fréquent… et délicat.

Travailler en famille est souvent une évidence pour les commerçants, si vous êtes boulanger par exemple. L'un travaille au fournil tandis que l'autre, madame en général, est à la caisse. Avec le temps, vous y associez les enfants qui grandissent. Votre fils va suivre une formation de pâtissier et rejoindre son père au labo, et votre fille aidera sa mère au magasin. Si vos enfants sont bien d'accord pour entrer dans ce moule ! Vous pouvez relire à ce sujet la première partie de ce livre… La même situation se présente dans les PME : l'un de vos enfants reprend la direction de l'entreprise, tandis que quelques-uns de ses frères et sœurs, voire tous, occupent des fonctions variées : secrétariat, comptabilité, atelier. La plupart du temps, ce qui donne le *la* à ce genre d'organisation, c'est le couple fondateur. Il s'agit parfois des grands-parents et même des arrière-grands-parents.

Avec papa-maman...

Travailler en famille comporte donc de nombreux avantages mais aussi de sérieux inconvénients. Si vous œuvrez dans un tel cadre, vous savez bien qu'être commandé par l'un de vos proches n'est pas évident tous les jours. En cas de reproches, il n'est pas toujours facile de faire la part des choses entre le motif de mécontentement (une commande en retard, un dossier mal ficelé) et votre relation personnelle avec celui ou celle qui vous critique. Si vous n'avez pas creusé un peu la manière dont vous fonctionnez psychologiquement, vous aurez tendance à prendre le blâme pour vous et non pour ce que vous avez fait. Comme tout le monde en pareille circonstance, quand on manque encore de maturité. Par exemple, votre mère, qui gère la boutique, vous fait remarquer que vous pourriez vous montrer plus pointilleuse sur les chiffres, puisque c'est vous la comptable. En retour, vous risquez de penser : « De toute façon, avec moi elle n'est jamais contente. » Répétons-le, ce fonctionnement psychique est l'apanage de presque tous. Nous avons du mal à distinguer ce qui est « en dehors » de nous (la remarque à propos d'un manquement professionnel), de ce qui est « à l'intérieur » de nous (ce que nous sommes intrinsèquement). Nous manquons généralement de la distance nécessaire pour établir un distinguo. D'autant que chacun « a son caractère ». C'est vrai dans n'importe quelle entreprise, nous l'avons vu. Mais dans n'importe quelle entreprise, vous ne dînez pas tous les soirs avec votre chef ou vos collègues. Vous ne passez pas les week-ends et les vacances ensemble. La trop grande proximité est un facteur de conflits. Vous avez besoin d'air pour conserver un regard objectif sur ceux avec lesquels vous travaillez. Œuvrer en famille exige donc que vous soyez le plus adulte possible. Devenez-le, en vous servant aussi des autres chapitres de ce livre.

Mon conjoint et nous

La situation se complique quand vous avez introduit votre conjoint à l'intérieur de l'entreprise familiale. « L'autre » est une pièce rapportée. Il ne bénéficie pas du même capital d'amour et d'indulgence que vous. S'il est autoritaire, il aura probablement envie de prendre des responsabilités. Il peut souhaiter faire des changements, des travaux, vouloir mettre en place de nouveaux modèles d'organisation. Comment votre père ou votre mère, les fondateurs, vont-ils le prendre ? Et vous-même, si vous travaillez avec vos enfants, acceptez-vous facilement qu'un « étranger » s'immisce dans ce que vous avez construit ?

Idéalement, mieux vaut que le couple parental et le couple que vous formez avec votre conjoint ne résident pas au même endroit. Ce peut être à deux pas, mais dans un espace personnel. Un lieu où vous pourrez râler ensemble, dauber sur vos parents en toute liberté. Et vos parents pourront en faire autant à votre propos.

Mes frères, mes sœurs et l'héritage

Vous avez peut-être investi de l'argent dans la société, le commerce, la ferme. Vous avez réalisé des travaux vous-même ou bien vous avez fait venir un artisan que vous avez payé. Avez-vous soigneusement bordé le caractère légal de votre investissement personnel et financier ? Car au moment de l'héritage, les autres membres de la fratrie peuvent exiger leur part sans tenir compte de vos apports spécifiques. Vous souriez et pensez : « Ça ne peut pas arriver chez nous, on s'entend bien. » Or l'existence réelle comme la vie psychique sont traversées par trois lignes de force : l'amour, la mort, l'argent. Une succession a le mérite – et l'inconvénient – de les combiner toutes. Perdre quelqu'un que vous aimez (amour-mort), ouvre un vide que vous aurez besoin de combler. La récupération de certains meubles, d'une maison, d'objets variés et de liquidités contribue à remplir ce vide (argent). Comme nous le verrons plus loin dans cet ouvrage, l'argent ne représente pas qu'un bien matériel, la possibilité d'acquérir le nécessaire et le superflu. Symboliquement, il est chargé de bien d'autres attributions : mesurer votre valeur, vous donner du pouvoir et la possibilité d'acheter, mais aussi d'offrir. Avec l'argent, vous pouvez faire des cadeaux. Mais également proclamer : « Moi, je ne fais pas de cadeau. » La formule est claire : en cas de dissension, de manquement à vos ordres, à vos valeurs, vous ne transigez pas. Pourtant, il faut également la prendre au pied de la lettre. L'héritage sert aussi à régler des dettes de haine, à compenser des conflits survenus du vivant des protagonistes. Même quand le départ du défunt est un soulagement, les héritiers se précipitent pour prendre ce qu'on ne leur a pas donné.

Bien définir les rôles dès le départ

Maintenant, si vous n'avez pas encore monté votre entreprise familiale mais en avez le projet, il faut vous poser quelques questions. Même s'il ne s'agit *que* de travailler avec votre conjoint. Qu'est-ce qui motive vraiment cette décision ? Avez-vous envie de capitaliser, d'optimiser vos ressources intellectuelles et pratiques respectives ? Pensez-vous qu'en travaillant ensemble vous faciliterez votre vie de famille ? Êtes-vous un couple fusionnel conforté par la présence constante de l'autre ? Par ailleurs, avez-vous bien fait vos calculs ? Lorsqu'on travaille séparément, le salaire et la couverture sociale de l'un sont maintenus en cas de chômage de l'autre. Ce qui offre une marge de sécurité. Alors que si l'entreprise commune coule, tout le monde boit la tasse. Et si vous vous sépariez, qu'adviendrait-il de ce que vous avez bâti ? En vous installant dans le même bateau, vous allez brouiller les pistes, entrer encore plus dans le « Ce qui est à toi est à moi ». C'est pourquoi vous devrez aussi vous interroger sur la solidité de votre couple.

Avoir bien repéré les zones de fragilité, le point où ça pourrait casser. Définir les tâches respectives, décider de celui ou celle qui prendra le commandement. Même si vous vous entendez bien et estimez que les décisions seront collégiales. Car il peut vous arriver, à un moment ou à un autre, d'être confrontés à un choix où vous ne serez pas d'accord. Ce peut être un investissement, un changement de local, un agrandissement, une orientation commerciale, peu importe. À un moment donné, il faudra bien trancher la question. Si vous savez d'avance que l'un de vous est décisionnaire en dernier ressort, le « verdict » sera probablement moins douloureux.

Quand on a mis tous les atouts de son côté, travailler en famille est une expérience exaltante. Vous vous sentez en sécurité, fort de l'appui de votre conjoint, de vos parents ou de vos enfants s'ils partagent votre projet, de vos frères et sœurs s'ils s'investissent aussi. Vous vous répartissez les tâches et les rôles. L'expertise et la créativité de chacun s'en trouvent confortées. C'est aussi un moyen de garder un vrai contact avec ceux que vous aimez. Au fond, vous donnez à votre famille une place encore plus importante.

JE SUIS AU CHÔMAGE...

Être privé d'emploi représente une situation gênante, voire humiliante, aux yeux des autres (collègues, famille, amis, voisins) et surtout de soi-même. Outre les problèmes d'argent, vous devez faire face à une sorte de honte sociale complexe à assumer. Car il est difficile d'admettre que le chômage n'est pas un échec personnel, même dans le cas d'un licenciement économique. Jusque-là, vous étiez un actif, pas un retraité. Vous étiez l'un des instruments du grand marché, jouant votre partition – petite ou grande – dans ce concert. La perte de votre travail vous relègue au rôle d'assisté. Votre image sociale se dégrade. L'estime de soi en prend un coup. En guise de consolation, vous savez que cette situation inconfortable est partagée aujourd'hui par un grand nombre de personnes comme vous. Il n'y aurait donc pas lieu de se sentir humilié d'en être victime. Comme si la banalisation du chômage pouvait rendre l'expérience moins traumatisante.

En réalité, le travail constitue un tel soutien de l'identité individuelle que le fait « de ne pas en avoir » représente une sorte de castration symbolique. Vous êtes « coupé », il vous manque quelque chose. En même temps, vous ne pouvez généralement pas vous empêcher de penser que vous avez contribué à cette sorte de mise à l'index, d'une manière ou d'une autre. C'est pourquoi certains sans emploi se débrouillent pour dissimuler cette « tare » auprès des autres. C'est l'histoire vraie relatée par le film *L'Adversaire*[1], réalisé par Nicole Garcia en 2002. En 1993, Jean-Marc Fauré tue sa femme, ses enfants et ses parents après avoir tenté de se suicider. L'enquête va révéler qu'il n'était pas médecin comme

---

1. Tiré du livre éponyme d'Emmanuel Carrère, POL, 2000.

il le prétendait depuis dix-huit ans. Pire, il ne travaillait pas, se rendait chaque jour devant le siège de l'ONU où il affirmait exercer et rentrait chaque soir... après avoir lu journaux et revues scientifiques lui permettant de maintenir sa fiction. Quand il a craint d'être découvert, couvert de dettes, il a préféré supprimer ceux dont il ne supportait pas le regard. Même si cette histoire dramatique ne représente pas un cas de chômage au sens habituel (un licenciement), elle montre jusqu'où, dans des cas extrêmes, l'absence d'emploi peut nous entraîner. Cacher que vous êtes au chômage, faire illusion auprès des autres est une manière d'intérioriser la honte. Honte d'être mis à l'écart. Honte aussi d'effrayer ceux qui ont un emploi et savent qu'ils pourraient se retrouver comme vous de l'autre côté de la barrière. Car les chômeurs dérangent les êtres superstitieux que nous sommes. Nous craignons souvent d'être « contaminés » par ce qui leur arrive. Alors nous installons, pour nous protéger, une sorte de cordon sanitaire autour d'eux. Des chômeurs de longue durée avec qui j'ai travaillé m'ont dit que plus le temps passait, moins ils recevaient de signes de soutien de la part de leurs amis. Ils n'étaient plus invités, on ne leur téléphonait plus. Au poids du manque d'argent, des sacrifices à faire, de la perte d'estime de soi, s'ajoutait le sentiment d'être rejeté. Ils avaient l'impression de ne plus appartenir au même univers que leurs proches. L'un d'eux m'a confié : « Maintenant, on est des intouchables. » En Inde, on naît « intouchable », la plus basse des castes indiennes. Les individus sont répartis en sortes de clans qui définissent la classe sociale d'un individu, non à partir de sa profession, de sa fortune, mais de sa lignée. Dans le cas de ce chômeur qui se confiait, il faut prendre le mot « intouchable » au pied de la lettre. Il était devenu, à ses yeux, quelqu'un qu'on ne touchait plus, qu'on ne contactait pas.

Être au chômage, c'est du boulot !

Il va donc falloir assumer la situation pour vous sentir mieux à l'intérieur de vous-même. Chômeur, vous n'êtes pas un mendiant. Même s'il est parfois difficile de faire valoir des droits pour lesquels vous avez cotisé pendant des années. Vous n'êtes pas non plus un SDF, même s'il nous arrive à presque tous de craindre cet avenir encore plus noir que le chômage. Car avec cette crainte, ce sont les premiers barreaux de la Pyramide de Maslow (voir p. 62) qui sont déstabilisés. Ceux qui concernent les besoins élémentaires de sécurité, nourriture et logis. Ceux sur lesquels prennent appui tous les autres au-dessus.

Ne pas cacher sa situation peut avoir des consé-quences bénéfiques : le bouche-à-oreille va vous mettre en relation avec des gens auxquels vous n'auriez pas pensé, qui peuvent se révéler efficaces pour retrouver un autre poste. L'adhésion à une association de per-sonnes en recherche d'emploi assure des relais pra-tiques : refaire son CV, disposer d'une photocopieuse, mettre en commun des petites annonces. Elle a aussi le mérite de fédérer les énergies. D'un seul coup, vous n'êtes plus Monsieur ou Madame Untel, chômeur, isolé, livré à ses ruminations, mais un individu qui a retrouvé sa place au sein de la communauté humaine. Car ce qui nous construit comme être humain depuis la toute petite enfance, c'est le lien. Lien à la mère d'abord, aux parents, aux proches puis aux copains, à l'école, au travail. En dehors des solitaires ou des ermites (rares), les hommes ont besoin de la famille, du groupe, de la collectivité pour continuer à se développer, s'épanouir. Y compris en période de chômage. Donc, mieux vaut vivre cette période de façon active et dynamique. Dites-vous que c'est le moment de réfléchir davantage sur vous-même et sur vos motivations, d'envisager plusieurs possibilités professionnelles. C'est le moment de vous poser la question d'une nouvelle formation. Le chômage est porteur de vide : on perd ses collègues, ses repères. D'où la nécessité de remplir ce vide en multipliant les actions. Cela tombe bien : chercher un emploi, c'est un vrai métier en soi ! Si votre situation financière vous le permet, vous pouvez aussi utiliser cette période de temps libre pour pratiquer des activités négligées lorsque vous manquiez de disponibilité. Faites la liste de tout ce que vous disiez n'avoir jamais le temps de faire quand vous travailliez du matin au soir : vie associative, retrouvailles avec des proches négligés ou des amis perdus de vue, sommeil, balades, bricolage, gym. Tout est possible et enfin accessible, un vrai luxe ! À la condition de faire de ce temps de liberté forcée une source d'enrichissement, de contacts, qui peuvent changer votre manière de voir la vie... et celle de ceux qui vous entourent.

Comment parler du chômage à ses enfants ?

Des horaires décalés, un parent qui se lève plus tard que d'habitude, des discussions inquiètes à mi-voix sur l'avenir : ces symptômes mettent très vite la puce à l'oreille de vos enfants. Sans compter les restrictions budgétaires, les courses au supermarché où ils se demandent pourquoi, tout à coup, vous leur refusez le dernier jeu dont la plupart de leurs copains parlent à l'école. Les enfants, en particulier les plus jeunes, ont des antennes. Ils « sentent » de manière intuitive ce que vous tentez de leur dissimuler pour les préserver. Comme ils vous aiment, ils s'inquiètent. Ils se demandent ce que signifient ces conversations codées, de quelle « charrette » pourrait donc bien parler papa ou maman... alors qu'ils habitent en ville et que, même en vacances à la campagne, ils voient surtout des tracteurs et des camions ! Françoise Dolto racontait que les premiers à deviner un secret, une histoire cachée dans un foyer, étaient les enfants et les chiens grâce à leur flair infaillible. Leur parler d'un licenciement est donc une nécessité. Inutile d'aborder la question en évoquant les ravages de la mondialisation. Leur compréhension du monde n'en est peut-être pas encore là. Leur maturité est en construction. La bonne carte à jouer est celle de la simplicité. Expliquez que, certes, la perte de travail est un moment difficile, que vous serez sans doute obligé de réduire certaines dépenses, mais que vous allez tout mettre en œuvre pour retrouver un nouveau travail. Cela aura aussi le mérite de vous y encourager vous-même.

La plupart du temps, le chômage est associé à des allocations qui permettent d'attendre et de rebondir. Il est important de le leur dire, cela contribuera à diminuer leurs craintes. Ne vous « blindez » pas pour autant, en faisant comme si, émotionnellement, la situation ne vous atteignait pas. Ils ne vous croiraient pas – toujours leurs antennes – et cela renforcerait leur malaise. Au contraire, avec mesure et en fonction de leur âge, avouez votre embarras tout en sollicitant leur appui affectif. Car il n'est pas interdit de faire appel à leur solidarité et à leur soutien. En expliquant que plus une famille est unie et forte, et mieux la situation peut s'améliorer.

CONSEILS DE VIE EN PÉRIODE DE CHÔMAGE

❏ Maintenez des horaires réguliers pour vous coucher et vous lever.

❏ Habillez-vous : ne traînez pas en pyjama quand il fait jour.

❏ Organisez de façon précise votre recherche d'emploi : petites annonces sur Internet et dans les journaux, contacts avec Pôle Emploi, coups de fil à des amis, à des relations constituant votre réseau. Vous en avez forcément. Listez, planifiez ces démarches.

❏ Adhérez à une association de personnes en recherche d'emploi : mutualisation des recherches, mise à disposition de photocopieuse, soutien émotionnel.

❐ Rangez vos papiers, jetez les vieux journaux.
❐ Mettez-vous à jour des tâches administratives :
paiement des factures, demandes de délais de règlement, classement.

4

COMBIEN JE VAUX ?

L'ARGENT, C'EST QUOI POUR VOUS ?

Acheter un appartement, partir en vacances, compléter votre garde-robe, vous nourrir et vivre, tout bonnement : autant de besoins variés dont le carburant est l'argent. En avoir suffisamment ou non pour s'offrir tout cela, voilà une question cruciale pour nous tous. Même les riches, les rentiers, font fructifier leur argent pour maintenir leurs bénéfices. Mais l'argent ne se réduit pas à son unique aspect économique. Il n'est pas un « objet » prêt à l'usage, juste bon à payer ce qu'il nous faut, comme s'il était dépourvu de toute connotation affective. Qu'il provienne d'un salaire ou d'une rente, il représente aussi un signe de reconnaissance extérieure, à la fois conscient et inconscient. Tous les notaires chargés de régler des héritages peuvent vous raconter les tensions, parfois forcenées, qui entourent le partage de trois sous et de quelques vieux meubles sans valeur.

À la fortune du pot...

Le rapport que chacun entretient avec l'argent remonte loin dans l'enfance. Pour Freud et la psychanalyse, il existe une équivalence entre l'argent et les matières fécales. Au moment de l'apprentissage de la propreté, le tout-petit qui avait jusque-là dépendu des autres pour sa survie (alimentation, soins) va s'apercevoir qu'il détient « un truc » qui lui appartient vraiment : son caca ! La seule chose que l'enfant maîtrise, qu'il peut retenir ou lâcher à volonté, ce sont ses selles. Face à la demande maternelle d'être « propre », il peut enfin décider : il peut se retenir et faire attendre sa mère ou, au contraire, se lâcher, accepter de faire dans le pot. De cette manière, il exprime enfin une volonté personnelle. Et, pour la première fois, il va s'offrir le luxe de « manipuler » les relations. S'il fait comme on lui demande, et où on lui demande de faire, il est gentil. Il exprime son amour. Il offre un cadeau à sa maman. S'il refuse, il « l'emmerde ». D'où les bien nommées expressions telles que « Je l'emmerde » ou « Untel m'emmerde », destinées à montrer que vous refusez de faire ce que l'on exige de vous. Vous n'êtes pourtant plus un bébé sur le pot, mais un adulte au boulot...

La manière dont vous gagnez, gérez, évaluez, donnez de l'argent dépend donc étroitement de ce qui s'est passé depuis votre petite enfance et l'apprentissage de la propreté. Cet « argent cadeau », cet « argent troc » continue d'avoir pour vous une connotation particulière et très personnelle. L'argent n'est pas seulement la contrepartie

de votre travail selon le contrat que vous avez signé.
Vous le mesurez aussi à l'aune de la valeur que vous
vous accordez à vous-même, hors de toute considération
professionnelle. Vous pouvez juger que vos études, votre
expérience et votre expertise ne correspondent pas vraiment à votre fiche de paye. Ou dire à vos proches que
tel collègue est mieux rémunéré, malgré une moindre
expérience ou ancienneté, malgré un investissement qui
ne vaut pas le vôtre. Ou bien vous pensez que votre
employeur paie mal ses employés en général. Dans tous
les cas, ce qui est en jeu est bien sûr la réalité pratique,
mais pas seulement. Ce qui se joue, c'est également
votre valeur intrinsèque. Elle n'est pas exclusivement
« étalonnée » sur une échelle matérielle en rapport avec
votre fiche de paye. La façon dont vous vous estimez
dépend aussi de critères secrets, inconscients, dont vous
n'avez aucune idée. Pour s'en rendre compte, il faut
faire un travail personnel sur soi, et bien y réfléchir.
Qu'est-ce que je vaux ? Suis-je assez intelligent, suffisamment performant ? Est-ce que je mérite réellement
le poste que j'occupe ? Comment les autres, mes collègues, mes chefs, ceux que j'aime, me perçoivent-ils ?
Quand vous êtes confronté à ces questions – nous le
sommes presque toujours à un moment ou à un autre –,
vous avez l'impression que vos qualités, vos valeurs,
celles que vous vous attribuez en tout cas, sont sous-
évaluées. À moins que… Et là, la machine à dévaloriser
se met en route : « Si mon salaire est trop bas, si je
n'arrive pas à obtenir le grade ou le poste qui me
convient, la faute n'en revient-elle pas à mes faiblesses,

à mon comportement, à tel ou tel domaine que je maîtrise mal ? » Et dans cette escalade de la dévalorisation,
vos qualités professionnelles peuvent très bien être
reconnues, votre salaire correspondre à vos compétences, ça ne vous empêche pas de vous poser des questions quand même. Car il ne suffit pas que votre
évaluation annuelle soit positive, et votre salaire adapté,
pour que vous croyiez en vous. Vous pouvez même
penser : « Finalement, je suis trop bien payé pour ce que
je fais. » Sous-entendu, mes responsables ne s'aperçoi-
vent pas de mon incurie. Peut-être parce que, au fond,
je les truande. D'ailleurs, si je n'étais pas aussi gentil,
ils prendraient conscience de mes limites.

Encore une affaire de famille

Pourquoi toutes ces questions, toutes ces contradic-
tions ? C'est que l'argent, on l'a vu, ne mesure pas *que*
votre force de travail, votre savoir-faire. Il vous donne
un prix moral à l'intérieur de vous-même. Il vous
confirme ou non votre place sur une échelle de valeurs
non seulement professionnelles mais humaines. Quelle
sorte de personne suis-je ? Un salaire médiocre, des aptitudes qui ne nous paraissent pas reconnues, se traduisent
finalement par « Je ne vaux rien », « Je suis incapable
de... » Exactement comme si la valeur travail était le
seul indice de reconnaissance de soi. Car c'est bien de
« re-connaissance », en deux mots, dont il s'agit.
Comme quand vos parents sont allés vous reconnaître à
la mairie afin de vous inscrire dans une filiation : « Fils

ou fille de... » Le travail est notre seconde famille. Avec lui vous êtes ajusteur, esthéticienne, professeur, programmeur. Vous pouvez vous nommer et affirmer que vous appartenez à une filière, à une sorte de clan qui renforce votre identité.

Si vos parents ont eu eux-mêmes des difficultés à se définir de manière valorisante, par leur emploi, s'ils ont exercé des professions peu « reconnues » (agent d'entretien, manœuvre), vous avez souvent du mal à mesurer votre propre valeur. Même si vous vous êtes « élevé » dans l'échelle sociale. Vous admettez que votre métier vous apporte une satisfaction narcissique, des ouvertures sociales. Difficile pourtant de vous défaire de l'image que vous avez traînée vis-à-vis des copains et des profs, quand il fallait préciser le métier de vos parents. La « honte sociale », dont parle Vincent de Gaulejac dans son livre *La Névrose de classe*[1], reste encore aujourd'hui un puissant facteur de limitation ou d'échec. Votre sentiment d'avoir réussi peut se doubler d'un sentiment de culpabilité. D'un côté, vous avez l'impression d'avoir obéi aux injonctions parentales : « Tu dois bien travailler à l'école pour réussir », « Ne fais pas comme nous, on n'a pu que gagner le nécessaire ». De l'autre, vous vous sentez déloyal vis-à-vis d'une famille dont vous vous êtes éloigné par vos études, un métier que vos parents ne comprennent pas très bien. Comme je l'ai expliqué dans la première partie de ce livre, vous êtes heureux

---

1. Hommes et Groupes Éditeurs, 1987.

de les retrouver mais vous ne parlez plus le même langage, au vrai sens du terme. Vous employez des mots, des tournures de phrase qui leur sont étrangères, plus fines, plus construites. Ce sentiment de déloyauté sera encore plus aigu si vos parents sont, en plus, des « étrangers » : même s'ils ont acquis la nationalité française, ils ne sont peut-être pas très cultivés ni bien intégrés. Et il se peut qu'inconsciemment vous limitiez vos ambitions, que vous vous freiniez dans votre ascension sociale – toujours de manière inconsciente – pour ne pas les humilier. Car lorsque vous gagnez bien votre vie, habitez un bel appartement dans un quartier agréable, vous pouvez être mal à l'aise, un peux honteux quand ils découvrent vos meubles, la baie vitrée qui ouvre sur le jardin. Cela semble paradoxal, mais c'est comme si vous vous disiez : « Je ne veux pas les écraser avec mon argent. » Pourtant, il est probable qu'ils sont admiratifs, heureux que leur enfant ait si bien réussi. Mais vous les imaginez repartant dans leur banlieue modeste en faisant des comparaisons avec leur propre installation. C'est peut-être vrai, c'est peut-être faux. Peu importe, ce qui compte c'est ce que vous, vous croyez.

Votre rapport à l'argent – en particulier celui que vous gagnez – dépend donc de paramètres complexes. Il ne relève pas seulement du montant de votre fiche de paye ou des gains que vous récoltez grâce à des placements judicieux. Il a à voir avec votre éducation, votre histoire personnelle et celle de vos parents. Quel était leur métier ? En avaient-ils un ? Étaient-ils dépendants de l'argent public – RMI devenu RSA –, de « secours » comme on dit ? Comment eux-mêmes vivaient-ils leur rapport avec l'argent ? En parlaient-ils facilement ou non ? L'expérience montre qu'on peut tout à fait bénéficier de revenus confortables et se sentir « pauvre ». A contrario, des personnes disposant de ressources modestes peuvent se sentir financièrement à l'aise.

Il existe bien une réalité de l'argent basée sur la satisfaction des besoins primordiaux : se nourrir, avoir un toit, faire face aux nécessités de base. Mais pour le reste, le lien que nous entretenons avec l'argent reste subjectif, engagé dans la psychogénéalogie de notre filiation.

OSER DEMANDER UNE AUGMENTATION

Comme le rapport à l'argent est en relation étroite avec des critères objectifs, mais aussi subjectifs, une demande d'augmentation va autant dépendre de facteurs réels que de ressentis émotionnels. Si vous avez déjà tenté cette démarche, vous savez bien comment ça se passe. Dans un premier temps, vous mettez en balance la bonne santé de votre entreprise, la grille salariale et la manière dont les responsables du personnel gèrent ces choses. Avez-vous affaire à une petite société, à un boss de type patriarcal fonctionnant à l'affect pour relever les salaires ? Faites-vous partie d'une multinationale qui dispose d'une enveloppe budgétaire déterminée, service par service ? Vous vous êtes probablement renseigné sur ce que gagnent certains de vos collègues à poste, compétence et ancienneté égaux. Vous avez posé la question à des proches ayant le même CV que vous. Voilà pour l'état des lieux, le rationnel. Supposons que le résultat de vos investigations vous amène à être sûr que vous êtes payé en dessous de la norme. Allez-vous, pour autant, foncer voir votre responsable pour l'en persuader ?

C'est possible. Mais cela ne dépend pas seulement des critères objectifs que vous avez relevés. L'important, c'est ce que vous pensez de vous en termes de valeur au sens le plus général du mot, la façon dont vous vous estimez ou non. Si vous avez le sentiment d'être excellent, votre démarche sera aisée. Si, au contraire, vous doutez de vos performances en dépit de vos qualités, vous vous demanderez ce que vos supérieurs pensent réellement de vous. Et vous aurez du mal à franchir le pas. Car réclamer une augmentation, ce n'est pas juste s'appuyer sur la réalité : ancienneté, diplômes, maîtrise de la fonction... C'est encore se reconnaître, à titre personnel, émotionnel, narcissique, un « plus » qui vous confirme dans votre démarche. Le narcissisme n'est pas un défaut, comme le suggère souvent le sens commun. C'est une étape primordiale du développement, lorsque l'individu, encore enfant, a été capable de se construire en s'appuyant sur de « bonnes » images, de bonnes informations envoyées par les parents. Le narcissisme, c'est notamment le fait d'avoir intériorisé le sentiment de ses propres mérites grâce à une famille qui nous a dit, de façon verbale et non verbale : « Si je t'aime, c'est que tu as de la valeur à mes yeux, et cette valeur augmente encore mon amour. » Par conséquent, pour oser demander une augmentation, il ne suffit pas de prendre appui sur vos qualifications et sur votre investissement personnel. Vous devez développer votre confiance en vous, votre assertivité. Le mot vient de l'anglais *assertiveness*, un substantif formé à partir du verbe *to assert* : s'affirmer, défendre ses droits, son opinion. En français, on pourrait l'interpréter par la confiance en soi, une sorte de « force tranquille ». Si vous êtes assertif, vous êtes capable de défendre vos droits sans empiéter sur ceux des autres. C'est aussi une prise de conscience et une affirmation de vos propres limites. Un message difficile à faire passer doit être exprimé sans passivité pour être assertif. Donc ne dites pas : « Excusez-moi, mais j'ai quelque chose à vous demander. » Il doit être également exprimé sans agressivité du genre « J'en ai marre de cette boîte de radins ».

L'assertivité s'appuie sur le refus d'avoir recours à trois comportements types à caractère négatif, étudiés en communication :

– Agression et domination caractérisées par la violence verbale et-ou physique.

– Soumission matérialisée par la fuite ou l'abandon.

– Manipulation exprimée sous la forme de manœuvres mentales.

Pour développer votre confiance en vous, vous pouvez interroger vos collègues sur la manière dont ils évaluent votre efficacité, vos interventions, vos qualités humaines et vos défauts. Si vous le faites dans un cadre détendu (à la cantine, au café, en voiture…), nul doute que vous aurez des réponses. Bien sûr, elles seront mitigées. Cependant, elles vous permettront de prendre conscience de vos forces et de vos faiblesses. Après tout, on avance également parce qu'on a le courage d'entendre des vérités parfois difficiles à admettre. Mais vous aurez aussi la bonne surprise de découvrir que vous possédez des atouts auxquels vous n'aviez pas songé. Outre votre compétence, certains vous parleront de vos capacités de communication, d'autres de votre facilité à traiter un problème technique compliqué. Vos proches peuvent également vous aider à repérer des aptitudes qui vous ont échappé. Quoi qu'il en soit, vous ne pourrez ressortir de cette sorte d'enquête que plus riche et mieux armé pour justifier votre valeur.

ON ME DOIT BIEN ÇA

« On vous doit bien ça », mais savez-vous exactement ce que l'on vous doit et l'avez-vous demandé ? La plupart d'entre nous veulent plus d'argent, mais la richesse, le trop plein restent encore pour beaucoup un point litigieux, entaché de culpabilité. Notre relation historique à l'argent demeure complexe. Pour s'en convaincre, il suffit de se rappeler quelques proverbes répandus comme « L'argent ne fait pas le bonheur », « L'argent est un bon serviteur mais un mauvais maître » (A. Dumas). Quelles que soient nos croyances, nous restons tributaires de programmes mentaux et culturels figés. Nous suivons inconsciemment, malgré nous, les traces de ceux qui ont marqué notre culture. Jésus a chassé les marchands du Temple. À sa suite, les religieux du Moyen Âge vont demander aux seigneurs de se soulager de leurs péchés en offrant de l'argent aux pauvres. En échange, ils obtiennent des « indulgences », le pardon de ces péchés. Comme l'Église interdit aux chrétiens le prêt d'argent, elle l'autorise aux juifs qui peuvent donc prêter aux « gentils » (les non-juifs). Cette pirouette arrange tout le monde puisque les juifs ne font pas partie de l'Église. Dans la Babylone antique, déjà, l'or était considéré comme un « excrément de l'enfer ». Chez les Aztèques, on l'appelait *teoquila*, la crotte des dieux. En Angleterre, on dit des riches qu'ils sont *filthy with money*, carrément « salis par leur argent ». Et connaissez-vous l'origine de l'expression « l'argent n'a pas d'odeur » – autrement dit, celui qui en gagne ne se demande pas forcément si son origine est morale ou non ? L'empereur romain Vespasien, qui donna son nom aux vespasiennes (les pissotières), avait noté que d'astucieux commerçants y recueillaient l'urine, pour en extraire l'albumine facilitant le nettoyage du linge. Il les frappa donc d'un impôt. Son fils Titus s'en émut, et lui reprocha de s'enrichir avec des déjections. Vespasien lui mit alors une pièce de monnaie sous le nez en lui demandant si elle sentait quelque chose...

Toute l'histoire du monde est traversée de pareilles anecdotes qui dévoilent le rapport secret entre argent et saleté ; ce dont Freud, grand amateur d'histoire antique, se servit pour étayer son équivalence argent-caca. Nos cerveaux modernes en portent encore la trace. Et même si « on vous doit bien ça » – un salaire décent, une augmentation normale –, vous n'arrivez pas toujours à vous départir d'une relation culturelle à l'argent qui vous dérange. Certes, on vous le doit cet argent mais, comme on dit, « ça ne sent pas bon ». Si vous êtes fonctionnaire, prof, n'est-ce pas justement pour ne pas participer au grand show du capitalisme, par mépris de l'argent servant des intérêts privés ? Et dans le privé, ne risquez-vous pas de vous mettre à dos vos chefs ? Vos collègues moins bien servis ne vont-ils pas vous en vouloir ? Autant de questions délicates qui freinent votre légitime revendication. Une revendication qui n'a pas toujours à voir avec celles de vos représentants syndicaux.

Comment ouvrir un œil différent sur l'argent ?

Pour progresser, prenez du champ, de la distance. En notant sur une feuille les « plus » ou les « moins ». Comment puis-je me sentir mieux dans ma peau ? Dois-je me résigner à être sous-estimé ? Ou, au contraire, attirer l'attention de mes supérieurs sur mes qualités, oser demander à être payé à ma juste valeur ? *Demander*, voilà le maître mot lâché. Il convient de savoir demander. Or nous nous conduisons encore souvent comme des enfants attendant que leurs désirs soient automatiquement satisfaits par des parents attentifs. Au travail, les rapports familiaux se rejouent inconsciemment. Pourtant vous savez bien, au fond, que le patron paternaliste, l'organisation qui prend soin de vous comme une matrice ne sont qu'une illusion. Un boss bien-aimé qui pense forcément à vous pour gonfler une enveloppe, c'est rare. Un ministre du Budget qui se préoccupe plus de ses fonctionnaires que de ses électeurs, c'est même utopique. Ils sont eux aussi tributaires de la loi du marché (vendre et réaliser le maximum de bénéfices), ou d'arbitrages politiques et sociaux.

On vous le doit ? Cela signifie déjà que vous avez réussi à dépasser le stade du chapitre précédent. En ayant une bonne opinion de vous-même, qui ne saurait être dévalorisée par le montant navrant de votre fiche de paye. N'hésitez donc pas à exiger ce qu'on vous doit, avec ou sans syndicat, mais avec toutes les précautions d'usage : preuve de la plus-value que vous apportez, témoignages de satisfaction de vos supérieurs, des usagers, des clients… Tout est bon, à condition de vous sentir « dans votre droit », et non comme un écolier timide qui n'ose pas prendre la parole devant la classe.

ÉVALUATION 360° : UN MOYEN D'Y VOIR CLAIR

L'évaluation 360° est un outil de développement personnel utilisé dans de nombreuses entreprises pour aider les salariés à faire un bilan psychologique et professionnel (et permettre aussi parfois aux managers de mieux contrôler vos ambitions !). La méthode consiste à comparer votre auto-évaluation

---

à celle établie par d'autres à l'intérieur de l'entreprise. Et, quand c'est possible, à l'extérieur. L'auto-évaluation comprend une centaine de questions auxquelles vous devez répondre avec le maximum de sincérité. Ce sera à vous de désigner les personnes qui doivent vous jauger, trois au moins. Les questions auxquelles elles doivent répondre portent sur votre performance, votre souplesse intellectuelle, votre capacité de vous remettre en question, votre assiduité, votre sincérité, la qualité des relations que vous entretenez avec les autres... Les résultats de chacun de ces deux types d'évaluation – par vous et par les autres – apportent un éclairage sur ce que vous êtes et ce que vous faites. Mais c'est le croisement entre auto-évaluation et évaluation par des tiers qui est le plus riche d'enseignements. Le 360° peut être déstabilisant car il met souvent en évidence l'écart entre l'image que vous avez de vous-même et celle que les autres s'en font. Bien peu d'entre nous se connaissent en profondeur, et vous devez vous préparer à une remise en question. Ce test d'investigation permet de mesurer de nombreux paramètres : confiance en soi, autorité, capacités, mais aussi votre rapport à la valeur, la vôtre et celle des autres, et votre rapport à l'argent. Si l'exercice vous tente, renseignez-vous auprès du service des relations humaines ou du personnel de votre entreprise, pour savoir si vous pouvez en bénéficier.

COMBIEN VOUS FAUT-IL RÉELLEMENT ?

Une fois vos besoins élémentaires et ceux de votre famille listés (Maslow, toujours lui), de quoi avez-vous réellement besoin pour vivre heureux ? Votre bonheur dépend-il exclusivement de l'argent que vous gagnez et de ce que vous pouvez acheter avec ? Au prix d'un travail qui vous rapporte, mais ne vous amuse pas plus que ça ? Pourriez-vous voir les choses différemment ? Bijoux, fringues, voiture de sport, logement de standing sont-ils indispensables à votre survie ? On est, raisonnablement, tenté de répondre non. Cependant, l'expérience montre que votre histoire parentale – encore elle – votre culture familiale vont fortement étendre ou, au contraire, réduire vos besoins. Depuis votre plus tendre enfance, vous avez acquis ce que le sociologue Pierre Bourdieu appelait des « habitus ». De luxe, de confort ou de simplicité, c'est selon. Pour Bourdieu, l'*habitus* est le fait de grandir, de se socialiser dans un monde où un certain nombre de règles ont été établies : comment se vêtir, manger, consommer, suivre une filière d'études... Dans une même classe sociale (les ouvriers, les cadres, les fonctionnaires, les commerçants), chacun peut trouver son « propre registre », mais dans un style de vie et de comportement adapté à celui de son milieu social. Loisirs, alimentation, culture, travail, aucun champ humain n'échappe aux *habitus*.

La situation devient plus inconfortable quand, pour des raisons diverses, vous êtes obligé d'abandonner vos *habitus*. C'est le cas des immigrés issus de familles modestes, qui ont pu réussir des études et se retrouvent cadres, professions libérales ou hauts fonctionnaires. Donc tout va bien, où est le problème ? me direz-vous. Ce n'est pas si simple. Souvent, réussite oblige, ces « gagnants » se sont mariés à des hommes ou à des femmes d'une classe sociale plus élevée que leur classe d'origine : ils doivent intégrer de nouveaux codes, des comportements différents. Langage, manière de se vêtir ou de peler une pomme, ils sont obligés de se conformer à une nouvelle manière d'être et de paraître. Ce n'est pas toujours facile… Leurs besoins aussi se modifient. Ils se calent sur ceux de la famille de leur conjoint, élevé dans un autre contexte. Leurs enfants eux-mêmes s'attendent à fréquenter de « bons » établissements scolaires et à bénéficier de vacances idem.

C'est évidemment difficile aussi quand la trajectoire sociale fait marche arrière : lorsque vous devez passer de l'opulence à plus de simplicité, après avoir été élevé dans l'aisance matérielle et-ou dans un certain confort psychologique. C'est le cas de tous les « pas doués pour les études », qui doivent ensuite se contenter des revenus d'un emploi modeste. Vos parents vous ont offert le savoir intellectuel, le confort moral d'une classe privilégiée, dont ils étaient eux-mêmes porteurs. Mais ils ne disposent pas de réseaux qui pourraient vous aider personnellement à monter socialement, malgré leur situation. Ils ne possèdent pas non plus de biens à vous transmettre de leur vivant. Si telle est votre histoire, vous éprouvez alors des regrets, une vraie nostalgie du passé. Vous vous sentez pauvre, minable. Même si vous parvenez à renoncer à une existence confortable, vous éprouvez le remords de ne pouvoir offrir à vos enfants ce que vous avez reçu, vous. Comme si les fringues de marque, le dernier iPhone et les séjours au soleil allaient garantir leur bonheur. En oubliant un peu vite que le souci de soi, le respect et la vie intérieure représentent aussi de véritables richesses. Qu'est-ce qu'il vaut mieux pour eux ? Que vous touchiez un gros salaire, ou qu'ils profitent de parents attentifs, aimants ? Bien entendu, comme vous et moi sommes « politiquement corrects », nous répondrons que le câlin l'emporte sur l'argent. Mais dans les faits, la question est plus complexe que vous ne l'imaginez. La réponse de votre entourage, de vos enfants, va largement dépendre de vos propres intentions, conscientes et inconscientes. Que leur soufflez-vous inconsciemment ?

Faire la paix avec le passé

Quelle que soit votre origine, vous pouvez avoir souffert de carences affectives durant votre enfance. Vous vous êtes senti oublié, mal aimé, parfois rejeté. On a préféré votre sœur ou votre frère... Alors aujourd'hui, vous avez une revanche à prendre. En compensant les privations ou les manques de votre jeunesse par une réussite bien affichée. Elle agit comme un pansement sur vos vieilles blessures. Sept jours sur sept, vous courez donc peut-être après un épuisant succès matériel afin de paraître meilleur à vos yeux, et aux yeux de tous. Vous pouvez faire preuve de morgue et même vous

151

rendre antipathique. Mais, tout au fond de vous-même, êtes-vous heureux ? Vos signes extérieurs de richesse, votre voiture de luxe, votre résidence secondaire réus-sissent-ils à effacer le passé ? Un travail sur vous-même, accompagné par un thérapeute, vous aiderait plus sûre-ment à restaurer l'essentiel. Votre conjoint et vos enfants vous en seraient également reconnaissants. Car pour l'instant, votre standing obligé leur coûte cher à eux aussi : vous les voulez parfaits, élégants, bons en tout. Attention à ne pas les étouffer, les instrumentaliser pour les coincer à la hauteur de votre illusion : l'excellence pour réparer une enfance abîmée.

Comment vous affranchir du poids de votre histoire ? Comment évaluer ce dont vous avez réellement besoin pour vivre ? Comment faire le distinguo entre le néces-saire et le superflu ? En acceptant que ce superflu devienne pour vous contournable après l'avoir identifié comme superflu. Mais superflu pour quoi et pour qui ? Vous seul êtes capable de répondre à cette question. Une fois vos besoins élémentaires satisfaits, de quoi n'avez-vous *pas* besoin ? Listez, comparez : préférez-vous vous priver d'une décapotable dont vous profiterez deux mois par an ou d'un piano qui vous permettrait d'apprendre à en jouer ou de vous y remettre ? Qu'est-il préférable pour vous et votre famille, un petit jardin de banlieue ou un bel appart' en plein centre-ville ? À ces questions – autant de questions que d'individus –, nul ne saurait répondre à votre place.

LE PRIX DE L'ESTIME DE SOI

C'est en 1890 qu'un psychologue américain, William Jones, a évoqué pour la première fois le concept d'estime de soi. Pour lui, l'estime de soi se définit comme la cohésion entre les aspirations d'une personne et les succès qu'elle obtient. L'estime de soi serait donc aussi la valeur que l'on s'accorde dans différentes sphères de la vie. Le soi, c'est « comment je me ressens » et « comment je me décris ». Comment je parle de moi aux autres, mais aussi comment je m'en parle à moi. Avec l'estime, je pose un jugement sur moi-même. Je mesure ma valeur et mes capacités. L'estime de soi n'est pas statique. Elle évolue en fonction de l'âge, des circonstances, des avatars de l'existence. C'est un système dynamique qui peut s'adapter à des réalités et à des besoins nouveaux. Quand on a réussi un exploit, petit ou grand, on se sent plus fort. C'est un challenge, comme si l'on avait ravi le titre à un champion. Comme lorsque l'élève dépasse le maître, prof ou patron. Mais, surtout, le champion que vous avez dépassé, c'est vous autrefois, car vous avez fait des progrès.

Plus votre estime de vous est grande, plus vous êtes capable d'être créatif et de construire une existence qui vous convient. Cette estime transparaît dans vos actes, vos pensées. Après avoir sauté un obstacle, bouclé un dossier client difficile, fait une intervention orale pour la première fois, osé dire sincèrement au chef ce que vous pensiez de ses méthodes, vous vous êtes senti heureux, toujours soulagé. Et cela vous a donné l'énergie d'aller plus loin, plus haut. L'estime de soi vous apporte le courage de vous affirmer, d'exprimer vos opinions réelles. Vous avez donc besoin de vous tenir en estime pour affronter un entretien d'embauche ou une demande d'augmentation. Comment pourriez-vous convaincre votre interlocuteur de votre valeur si vous n'y croyez pas vous-même ? Vous êtes bien là pour vous vendre, non ? Un commercial doit valoriser le produit qu'il propose. Mais l'impulsion d'achat ne se fait pas seulement sur le produit. La personnalité et le charisme du vendeur comptent au moins autant. Sinon, pourquoi certains vendraient-ils mieux que d'autres une marchandise identique ?

Tirer parti des challenges offerts

L'estime de soi s'élabore dans l'enfance, grâce à des parents soutenants, on l'a dit. C'est à eux que vous devez d'être plus ou moins capable de vous en sortir en cas de pépin, de consigne inhabituelle à exécuter. Cela, c'est le socle. Mais l'estime de soi se développe aussi grâce à toutes vos expériences positives. Et faire une expérience positive, ce n'est pas gagner à coup sûr sans se fatiguer. C'est aussi tirer le meilleur parti possible d'un moment difficile ou douloureux, en se dépassant. Un exemple. Vous êtes manutentionnaire dans un petit entrepôt, préposé à la préparation et à l'envoi des commandes. La standardiste est malade, on vous demande de la remplacer. Manque de chance, ce jour-là le téléphone n'arrête pas de sonner. On vous a sommairement expliqué le maniement du standard. Vous tâtonnez sur les touches. Les correspondants attendent, ils s'énervent, vous vous faites engueuler. Vous aimeriez bien leur dire que ce n'est pas votre travail, mais vous êtes payé pour faire ce qu'on vous demande. Tant pis, tant mieux, vous prenez le rythme, vous commencez à tenir la cadence. Finalement, la tâche n'est pas si déplaisante. Vous vous êtes mis en compétition tout seul, vous avez pris – certes momentanément mais quand même – la place de la championne absente.

Ainsi, chaque performance réussie va s'inscrire dans votre mémoire. Elle nourrira les suivantes. La manière dont vous conduirez votre vie et vos projets profes-sionnels, à la baisse ou au contraire à la hausse, peut modifier fortement le contenu et le déroulement de votre existence. Si, chaque fois qu'on vous demande de faire quelque chose qui ne correspond pas à vos attributions, vous refusez, on vous cataloguera comme « mauvais coucheur ». On dira que vous êtes peu serviable, replié sur vous-même, peut-être de mauvaise foi. Pas de quoi donner envie de vous offrir une promotion.

Un bon moyen de développer son estime de soi consiste à réfléchir autour d'un petit exercice élaboré en analyse transactionnelle. Devant une réponse donnée à une proposition (parler en public pour la première fois, écrire une lettre en anglais), la réaction est classée en deux modèles : le frein et la contrainte. La contrainte, c'est ce que vous ne pouvez absolument pas faire : faire décoller un hélicoptère si vous n'avez jamais pris de cours de pilotage. Le frein, c'est ce que vous ne vous *autorisez* pas à faire par peur, par manque de confiance en vous : présenter oralement un dossier devant quelques collègues, par exemple. Vous serez obligé de lire votre texte, vous allez bafouiller ? Et alors ? Il y a toujours une première fois. Mais si, pour des raisons variées, votre estime de vous est très fragile, un thérapeute ou un coach peuvent vous aider à retrouver une meilleure image de vous-même. Car il ne peut y avoir de réussite professionnelle, de satisfaction de ses ambitions financières et techniques, sans cette indispensable estime de soi. Il ne s'agit pas de vous placer au-dessus du lot des mortels, mais de trouver votre équilibre. Ni dans l'arrogance, ni dans l'effacement.

LE CAS DE NATHALIE

Nathalie est une patiente que je reçois dans le cadre d'un accompagnement ponctuel pour travailler la confiance en soi. Assistante de direction dans une entreprise de communication, elle a pour leitmotiv « Je ne suis pas à la hauteur ». Avant de gérer un dossier complexe, de rédiger un courrier à une personnalité, elle se demande toujours si elle y parviendra. En dépit de bonnes études, d'une assez longue expérience, et de la confiance permanente de son boss. En travaillant sur son histoire, je vais découvrir qu'elle est la cadette d'une famille de trois filles, et qu'elle a continuellement été comparée à sa sœur aînée par ses parents. Ce premier enfant, très attendu, semble avoir bénéficié d'une indulgence sans limite. Son père la trouvait plus jolie, sa mère plus intelligente. À l'école, cette sœur a toujours montré de solides dispositions pour le travail scolaire. Chaque bonne note de l'aînée, ses vêtements, ses réflexions ont été valorisés par les parents. Nathalie s'est donc ressentie comme le vilain petit canard, incapable de voler dans les mêmes sphères. À quarante ans aujourd'hui, ce sentiment persiste. C'est donc en la faisant réfléchir sur ses singularités, sur ce qui fait d'elle une personne unique, « incomparable » au vrai sens du terme, que nous parviendrons à la sortir de cette position inadaptée et stérile.

Les expressions négatives que nous employons pour nous décrire, surtout les plus simples comme « Je ne suis pas à la hauteur », constituent des sortes de programmes informatiques inscrits dans le disque dur de notre cerveau. La plupart du temps, nous avons oublié pourquoi ils reviennent en boucle à la moindre occasion. Nous les mémorisons comme le refrain d'une chanson nous rappelant une vieille blessure mal cicatrisée. Pour s'en défaire et retrouver le chemin de l'équilibre, il est nécessaire d'en découvrir l'origine. Parfois vous y arriverez seul, et c'est seul encore que vous réussirez à leur donner la place qu'ils méritent : les poubelles du souvenir. À d'autres moments, vous devrez vous faire aider pour remettre la main sur cette épine qui continue à produire des effets toxiques. L'aide peut venir d'un spécialiste, mais c'est aussi en parlant avec un proche que vous pourrez ôter ce qui vous empêche de mieux vivre et travailler. Dans tous les cas, la bonne question à vous poser est : « D'accord, je ne suis pas à la hauteur, mais à la hauteur de qui ou de quoi ? »

Comment mesurer son estime de soi ?

Lorsque vous accomplissez une chose qui vous paraît bonne, vous éprouvez un sentiment de valorisation de vous-même. Quand, au contraire, votre action vous semble en décalage avec vos valeurs, vous « baissez dans votre estime ». L'estime de soi n'est pas stable, elle évolue au fil des événements. Mais l'évaluation que vous faites de votre estime de vous-même à un moment donné peut avoir des conséquences sur vos performances ultérieures. Si vous pensez fortement, après un échec au permis de conduire, par exemple, « Je ne suis pas doué pour la technique », vous risquez de rater à nouveau votre permis quand vous repasserez devant l'examinateur, confirmant ainsi ce jeu pervers des prophéties « auto-réalisatrices ». C'est « l'effet nocebo », moins connu que son contraire, l'effet placebo. De nombreuses études scientifiques ont montré qu'il joue son rôle dans l'apparition de certaines maladies, comme le placebo joue le sien dans leur guérison. Il s'agit toujours d'un sentiment intérieur, sans rapport avec la réalité absolue. À l'inverse, une soudaine réussite peut augmenter votre confiance en vous. Emmet Fox, un pasteur américain du XIXe siècle, adepte de la pensée positive, disait : « Nous sommes ce que nous pensons. »

Pour évaluer votre estime de soi, il existe sur le Net de nombreux tests téléchargeables, dont certains assez complets (taper Eval_EdS.pdf ou echelle-estime-de-soide-rosenberg.pdf dans la barre de recherche). Cependant, prenez les résultats avec des pincettes : un test vous donne une cotation à un moment précis, celui où vous y répondez. Il ne doit pas vous étiqueter irrévocablement comme une bouteille de bon ou de mauvais vin. La psychanalyse, dont la pratique est dynamique, fait plutôt le pari de la mobilité. Vous pouvez néanmoins tenter de mesurer – avec prudence – où vous en êtes de l'estime de vous-même, en répondant « absolument pas », « un peu » ou « tout à fait » aux affirmations suivantes :

- Je m'apprécie et je m'aime.
- Je n'ai pas besoin de prouver que je suis le meilleur.
- Un échec ne me plombe pas.
- J'exprime mes convictions avec détermination.

5

GÉRER L'AMBIANCE
AU TRAVAIL

LE STRESS, VOUS CONNAISSEZ ?

Burn out. Souffrance au travail. Dépression. Gestion des risques psychosociaux… La dégradation des conditions de travail et l'ambiance pénible qui en résulte parfois envahissent tous les secteurs économiques. Les 35 heures ont, dans les faits, diminué le temps de travail sans pour autant réduire le volume des tâches à accomplir. Il faut donc travailler plus en moins de temps. Du coup, la convivialité, les pauses, les échanges de pratiques sont effacés. Plus personne n'a vraiment le loisir de parler aux autres. Nous savons tous pourtant que ces moments de communication sont indispensables pour « se sentir bien ensemble », source de plaisir et de créativité au travail. Par ailleurs, une entreprise, un service ou une administration sont régulièrement traversés par de nombreux conflits. D'autant plus nombreux que les réformes et les changements s'enchaînent de plus en plus vite dans tous les domaines, et à tous les niveaux. Des conflits interpersonnels peuvent se déclencher pour de bonnes raisons : un nouveau planning horaire contraignant, ou la promotion incompréhensible d'un collègue à votre place. Mais on note aussi des tensions pour des motifs anodins, du moins en apparence : un réagencement des bureaux, par exemple. Plus la raison semble futile, plus elle révèle de discorde sous-jacente consciente et inconsciente, et cache d'autres motifs. Les conflits de rôle génèrent aussi du stress : c'est le cas d'un exécutant soumis aux ordres contradictoires de deux responsables. Plus fréquent qu'on ne le pense.

Donc, pour les employés pressurisés, c'est le stress. Le stress est devenu un mot « valise » qui recouvre toutes sortes de difficultés tant physiques que psychiques. Fatigue chronique, maux de tête à répétition, crises de larmes, tensions avec l'entourage, le stress est incriminé. Certaines maladies comme l'ulcère ou le mal de dos relèvent aussi du stress, en plus ou moins grande partie. D'ailleurs, les médecins du travail ont classé sous le nom barbare de TMS, troubles musculo-squelettiques, des douleurs qui sont reconnues comme provenant du stress. Car le stress combine toujours le psychique et le physique. Caissière dans une grande surface, vous utilisez toujours le même bras pour passer les produits du tapis roulant au client. En répétant ce geste plusieurs heures durant, vous allez déclencher des tensions musculaires douloureuses. Vous êtes en même temps soumise à des cadences pénibles, aux clients qui s'énervent, au bruit, aux appels réguliers dans le haut-parleur, à des lumières excessives et à des courants d'air. En fin de journée vous êtes épuisée par ce travail, probablement « alimentaire », que vous n'avez pas choisi. L'association des douleurs musculaires et de votre envie d'être ailleurs va donc produire du stress.

Les mécanismes du stress

Le terme de « stress » a été inventé en 1946 par un médecin canadien. Hans Selye s'est aperçu que l'être humain réagissait à toutes les stimulations qu'il recevait, heureuses ou malheureuses. Succès, réussite à un examen, mariage, menace de licenciement, surcharge de travail, autant de facteurs de stress. Des échelles d'évaluation montrent que des événements importants de l'existence, tant pénibles qu'agréables, arrivent à la même cotation sur l'échelle. Pour Selye, le stress est une contrainte, une sorte de « pli » de l'âme, du corps et de l'esprit. Le mot vient probablement de *distress* qui signifie « épuisement ». Le stress constitue en fait, à l'origine, une réaction d'alarme, de mobilisation ou de défense devant une menace quelconque ou, plus banalement, une situation inhabituelle. Par exemple, vous êtes dans le métro sur votre trajet quotidien, en train de lire tranquillement. Soudain, une bagarre éclate entre des voyageurs. Vous êtes surpris, vous avez peur : état de stress, même si vous n'êtes pas directement menacé.

Autant dire que toute action, à partir du moment où nous sommes vivants, peut être génératrice de stress. Du reste, l'absence totale de stress nous ramènerait à une sorte d'état inorganique, complètement figé. Le simple fait de vivre nécessite de se confronter, de manière continue, à des facteurs de stress dont seules l'intensité et la durée varient. Le stress peut d'ailleurs se révéler très utile. À marée montante, vous vous apercevez que la mer arrive plus vite que vous ne l'aviez imaginé. Le stress que vous en éprouvez va vous donner des ailes pour courir en arrière ! Grâce au « bon » stress, nous nous adaptons sans arrêt à la vie. Nous focalisons notre attention, nous mobilisons toute notre énergie, nous exacerbons notre mémoire, nous affinons nos capacités à mesurer une situation. Mais au fil du temps, le langage courant n'a retenu du mot que sa signification négative.

Le terme de « stress » fait donc office de tiroir où ranger les sensations psychiques et physiques désagréables, voire douloureuses. La situation s'aggrave quand ces réactions – normales – vous mettent dans un état de tension permanente. Quand vous êtes incapable de vous retrouver, de reprendre calmement vos esprits. Quand vous n'arrivez pas à recouvrer votre sérénité, quand votre cœur continue à battre trop vite, quand vos mains continuent à trembler. Ce stress-là, quelle qu'en soit l'origine, est une manière inadéquate de gérer un événement particulier. Cela revient-il à dire que vous êtes entièrement responsable de votre stress ? Non, mais vous en êtes partie prenante, le stress étant la manière dont vous, vous allez réagir à telle situation. Imaginons le cas d'une personne qui n'aurait aucune vie sociale en dehors de son travail, et qui se dirait stressée par une mauvaise relation avec son équipe, par exemple : on pourrait considérer que son stress est directement lié à son activité professionnelle. Mais ce stress, ou une partie de celui-ci, peut aussi s'expliquer justement par l'absence d'autres relations que celles liées à cette activité.

Quand vous vous dites stressé par votre charge de travail, vous avez du mal à analyser sereinement les causes plus profondes de votre mal-être. Stressé, vous l'êtes peut-être en fait parce vous ne vous sentez plus vraiment à l'aise dans votre job. L'ambiance de l'atelier où vous travaillez a changé. Un nouveau contremaître est arrivé. Il est exigeant, cassant, il note la moindre pause non prévue dans le règlement. Le stress émerge, car vous étiez habitué à travailler plus agréablement. Ou bien vous éprouvez de plus en plus souvent une grande lassitude à faire votre boulot. Vous avez l'impression de stagner, de vous agiter à contre-emploi. La situation impliquerait un changement de poste, voire d'employeur ou de métier. Et vous avez du mal à le reconnaître. En plus, les contingences matérielles, la crise et la crainte de ne pas retrouver un autre emploi vous obligent à vous accrocher à ce poste « stressant ».

Notre part de responsabilité

Si les conditions de travail ou l'exigence des clients constituent des facteurs de stress pour tout le monde, chaque individu va donc y réagir à sa manière. C'est votre « carte d'identité psychique » qui détermine votre rapport au travail et votre mode de communication. Avec l'évolution des technologies, vous avez probablement plus de mal à faire une coupure nette entre univers professionnel et vie privée. Les portables, téléphone et ordinateur nous imposent « des devoirs à faire » à la maison. Ils nous présupposent toujours joignables, même si nous ne sommes pas cadres. Oublier ses soucis, ses clients ou son patron après la fermeture devient de plus en plus difficile. Y compris en vacances ou en congé de maternité. On s'installe dans un état de plus en plus anxiogène. Et si vous avez déjà développé une personnalité anxieuse, vous demanderez à être rassuré en permanence par vos collègues et-ou collaborateurs. Au risque de les stresser à leur tour par vos exigences excessives ! Une personnalité agressive, fortement impliquée dans l'action, pourra, elle, manquer de recul face à une difficulté et exprimera son mécontentement de manière blessante et sans nuance (vous trouverez p. 204 une description détaillée de différents profils psychologiques possibles).

Supprimer tous les « stressors » extérieurs concrets et objectifs ne suffirait donc pas à résoudre vos problèmes de stress. Ce serait une illusion. Parce que vous y participez aussi, à ce stress ambiant ! Demandez-vous jusqu'à quel point vous n'êtes pas vous-même facteur de stress, un stress que vous pourriez contribuer à réduire. S'il n'est plus possible d'échanger avec vos collègues faute de pauses, peut-être pouvez-vous proposer une soirée par mois ou par trimestre, pour vous retrouver ensemble dans un endroit agréable, parc ou bon restaurant ? Essayez de développer votre écoute et votre empathie pour les autres. Mais commencez aussi à être attentif à vos vrais besoins. Car on ne peut pas forcément isoler un unique facteur déclenchant le stress. On trouve souvent imbriquées des causes personnelles ET professionnelles.

PETIT RÉSUMÉ DE LA SITUATION AVANT DE LIRE LA SUITE

Les signes de souffrance au travail
❏ Perte de repères, d'identité.
❏ Conflits de personnes, conflits de valeurs.
❏ Agressivité physique et-ou verbale.
❏ Harcèlement.
❏ Conduites addictives.
❏ *Burn out*, dépression.
❏ Incapacité à faire face aux transformations de l'organisation.
❏ Résistance à la formation.

Pour vous aider à prendre conscience de votre niveau de stress, il existe un questionnaire très complet, assorti d'une interprétation des résultats. Établi par un psychologue et un médecin canadiens, il est disponible et téléchargeable sur le site Internet de Psychomedia : www.psychomedia.com

---

Comment améliorer son bien-être au travail
- ❑ Se remettre en cause.
- ❑ Apprendre.
- ❑ Donner un sens à son travail.
- ❑ Accorder ses besoins intimes et ceux de son cadre professionnel.
- ❑ Trouver sa place.

SE PROTÉGER DU STRESS

L'analyse transactionnelle apporte quelques pistes intéressantes sur la manière de gérer son stress. L'une d'elles s'appelle « *la collection de timbres* » : votre manager joue au petit chef, la standardiste arrive régulièrement en retard, votre collègue de bureau parle trop fort au téléphone, vous n'osez rien dire. Vous « collez » donc chaque agacement rentré sur votre cahier de frustration mental. Mois après mois, votre collection s'enrichit. Au bout d'un moment, vous n'y tiendrez peut-être plus. Vous allez exploser de rage, fulminer. Un comportement anormal, en principe « interdit » au travail, va émerger : colère, larmes, injures… L'existence des timbres est à repérer dans le langage courant, dans des expressions telles que « Je note », « Je l'ai dans le collimateur », « Cette fois, trop c'est trop ». Cela vous rappelle quelque chose ? Pour arrêter de collectionner les timbres, vous allez donc devoir accepter de reconnaître vos émotions et les exprimer immédiatement. Vous pouvez parfaitement expliquer à votre supérieur que vous êtes un grand garçon ou une grande fille, capable de répondre à des consignes sans être traité en gamin. Vous devez pouvoir dire à votre assistant(e) que ses retards répétés sont inacceptables. Sans pour autant vous mettre à crier et ainsi le ou la précipiter en état de stress à son tour.

Autre point dévoilé par l'analyse transactionnelle, la question de « *l'élastique* » : chaque fois qu'un supérieur vous donne une consigne, vous avez l'impression de vous trouver devant la maîtresse d'école quand elle rendait les copies d'une interro écrite avec des commentaires. Vous n'étiez pas très bon en classe, et comme elle vous faisait remarquer vos erreurs devant les autres élèves, la séance tournait au supplice. Aujourd'hui, même si votre boss vous confie ses exigences en privé, vous éprouvez la même sensation. L'élastique est une sorte de réminiscence affective et comportementale. Une situation actuelle renvoie à une situation passée qui a été mal vécue. Elle perturbe donc le comportement présent et provoque des réactions disproportionnées par rapport à l'enjeu réel. Que faire ? Apprenez à identifier les situations ordinaires (recevoir un ordre, engager une démarche, exécuter une consigne) qui provoquent systématiquement un malaise. Demandez-vous si l'impression du moment ne renvoie pas à une sensation plus ancienne. Cherchez, notez, demandez à vos parents, à des proches, afin de réveiller votre mémoire. Une fois la prise de conscience effectuée, l'élastique va peu à peu se décrocher tout seul. De temps à autre, surtout au début, il peut se manifester à nouveau. Mais vous l'identifierez et vous pourrez alors en sourire.

Quels sont vos pilotes inconscients ?

L'analyse transactionnelle montre aussi que chacun d'entre nous se laisse guider par des *drivers*, des « pilotes inconscients », qui orientent complètement notre manière de vivre et de travailler. Ces drivers sont au nombre de cinq : « Sois parfait », « Fais effort », « Fais plaisir », « Sois fort », et enfin « Dépêche-toi ». La plupart du temps, un ou deux pilotes inconscients caractérisent notre manière d'agir et de réagir. Ce qui n'empêche pas les autres de nous influencer à des degrés divers. À vous de retrouver ce qui vous définit le mieux dans les schémas suivants...

Monsieur ou Madame « *Sois parfait* » est le champion du détail, de la petite bête. À la moindre anicroche sur le fond ou la forme d'un dossier, il panique.

Le « *Fais effort* » s'imagine qu'il faut, en permanence, trimer dur pour y arriver. Si ce qu'il est en train de faire lui paraît facile, il se demande ce que cela peut bien cacher.

Madame ou Monsieur « *Fais plaisir* » est tellement obnubilé par le souci des autres qu'il s'oublie lui-même. Et tant pis s'il n'arrive jamais à prendre ses vacances aux dates qui l'arrangent ! L'important est que tout le monde soit content, sauf lui.

« *Sois fort* », lui, se raidit, il encaisse tout et emporte des dossiers pour son week-end. Il se lève à quatre heures du matin pour en faire encore plus et ne bronche pas. C'est un costaud, un coureur de fond. S'il s'écroule, l'humiliation le guette. Il a perdu son identité.

Enfin, le « *Dépêche-toi* » court toujours, engage plusieurs tâches à la fois. Prendre son temps l'inquiète terriblement.

Vous vous êtes certainement reconnu, plus ou moins, dans l'une de ces vignettes. Et vous y avez sans doute repéré en même temps d'excellentes raisons d'être stressé. L'affaire se complique lorsque vous prenez conscience que ce qui vous stresse va aussi stresser les autres. Un « Dépêche-toi » qui privilégie la quantité, le chiffre, va forcément mettre à mal un « Sois parfait », dont le maître mot est l'exemplarité, le souci de l'achevé. Nos traits de personnalité sont donc des facteurs de stress pour nous-mêmes, mais représentent aussi des « stressors » pour les autres. Comment sortir du syndrome de l'arroseur arrosé ? En opérant comme avec la collection de timbres ou l'élastique : prenez conscience des pilotes inconscients qui marquent le plus votre caractère. Une fois ceux-ci repérés, reconnus comme des fauteurs de troubles, acceptez de les assouplir. Vous ne vous en débarrasserez pas comme d'un vieil imperméable. Ils font partie de votre territoire mental, de votre carte d'identité psychique. Ils vous ont aidé à vous construire et continueront à vous soutenir. Mais vous devez apprendre à les dompter. De pilotes inconscients, ils doivent devenir des aides maîtrisées pour votre conduite intérieure.

Notre cinéma intime

La « projection », un mécanisme de défense révélé par la psychanalyse, est aussi à l'œuvre dans l'apparition du stress. A priori, la projection est un phénomène inconscient normal. Elle consiste à émettre une idée sur quelqu'un ou sur quelque chose à partir de sa propre histoire et de ses propres sensations. Si, enfant, vous avez été mordu par un chien, vous pouvez penser aujourd'hui que tous les chiens sont dangereux. Si votre père était un « taiseux » dont vous craigniez les avis parce que justement il n'en donnait pas beaucoup, vous aurez tendance à imaginer que toute personne peu loquace est inquiétante. Si c'est votre chef, vous n'irez pas tranquillement travailler tous les jours.

En situation de travail, le stress survient quand on exagère la difficulté d'une tâche. Vous vous dites « Je ne vais pas y arriver », « Je risque de faire une erreur », « Je ne suis pas à la hauteur », « J'aurais dû »… Vous sous-estimez votre valeur et surestimez le pouvoir des autres en fantasmant des critiques et des prétentions qu'ils n'ont pas. En ce cas, il va être nécessaire de relativiser, de dédramatiser, de prendre de la distance. La besogne qui vous est confiée est-elle si complexe ? L'emprise de votre boss, celle de vos élèves si vous êtes prof, est-elle aussi importante que vous le supposez ?

Prenez une feuille de papier et écrivez les phrases suivantes : « Comment puis-je tirer parti de cette situation ? », « Que m'enseigne-t-elle ? », « Le passé est le passé », « Qu'est-ce que je peux faire de mieux maintenant et dans l'avenir ? ». Autant de paroles stimulantes qui vous permettront de calmer votre imagination, de remettre n'importe quelle situation à sa juste place.

Les pensées TIC et les pensées TOC

Selon David Burns, un professeur de psychiatrie américain, nous avons des pensées TIC qui inhibent l'action, et des pensées TOC qui, au contraire, la boostent. Les pensées TIC sont la traduction de l'expression anglaise *Task-interfering cognitions.* Quelques pensées TIC : « J'en ai assez de toute cette paperasserie », « Mon boulot ne sert à rien », « J'ai tellement de retard, un peu plus ou un peu moins... ». Ces pensées freinent notre capacité d'agir et provoquent de surcroît une émotion pénible : découragement, démotivation, dégoût de soi. Les pensées TOC (*task-oriented cognitions*) orientent au contraire vers une tâche de réapprentissage. Quelques pensées TOC, en retour de balancier des phrases TIC précédentes : « Si je me débarrasse tout de suite de tout le courrier qui traîne, j'y verrai plus clair », « Je ne vais pas lâcher le morceau maintenant, j'y suis presque », « C'est décidé, je bloque deux jours pour rattraper le retard ». Les pensées TOC donnent de l'élan, elles nous poussent en avant. De plus, nous ressentons une émotion agréable : envie d'avancer dans notre travail, réveil de notre créativité, sentiment de plénitude et de satisfaction devant les tâches accomplies.

Quelques exercices antistress

Toutes les techniques de relaxation, mais également le yoga, la sophrologie, la méditation, la prière, agissent de manière bénéfique sur le stress. La pensée positive aussi. Elle consiste à se mettre dans une position confortable, assis sur un fauteuil ou allongé, et à respirer plusieurs fois par le ventre (comme les chanteurs ou les comédiens), puis à faire le vide mental. Cette expérience du vide n'est pas facile à réaliser au début. Vous êtes envahi de « pensées parasites ». Ne cherchez pas à les refuser mais ne vous y attardez pas : laissez-les passer. Enfin, visualisez des images positives, de « bons » souvenirs ou des scènes imaginaires : des projets agréables, des objectifs que vous voulez atteindre, des scènes de film qui vous inspirent... Visualiser signifie mettre en place une représentation mentale. Cette représentation correspond aux cinq sens. Dans la PNL (programmation neuro-linguistique, une méthode de développement personnel), c'est le système VAKOG : Vue, Audition, Kinesthésie (le toucher), Olfaction (l'odorat) et Goût. Chacun de nous utilise un sens prédominant pour entrer en contact avec le monde qui l'entoure. Nous sommes pour la plupart des visuels. Mais quel que soit votre cas, vos sens s'expriment par les expressions que vous employez : « Je vois ce que tu veux dire », « Je vous entends bien », « Ça, je le sens », « J'y goûterais bien » (un fruit, une femme, une nouvelle façon de vivre). Pour lutter contre une situation stressante, on la prend à rebours. Par exemple vous ne vous entendez pas du tout avec un collègue. Alors, imaginez que vous partagez avec lui des moments de plaisir. Vous plaisantez, vous vous donnez un coup de main mutuel. Il est nécessaire de vous figurer la scène comme si vous y étiez. Avec les couleurs, les sensations, le son des mots.

Si vous devez faire face rapidement à une situation stressante et n'avez pas le temps de vous y préparer, contentez-vous d'inspirer et d'expirer profondément trois fois par le ventre, avec un temps d'apnée entre chaque. Puis bâillez plusieurs fois. Si vous êtes seul, faites des mouvements de contraction-lâcher avec vos mains. On replie très fort les doigts sur la paume puis on relâche.

Expérimenter « l'ici et maintenant », une pratique tirée du bouddhisme, est aussi très utile : vous vous tenez debout, les genoux légèrement pliés, le bassin basculé en avant, les bras le long du corps, et vous vous concentrez sur l'écoute de votre corps. Que se passe-t-il ? Qu'est-ce que je ressens à ce moment précis ? Suis-je tendu, léger ? Est-ce que j'éprouve des tensions dans le dos ? Est-ce que je ressens une douleur ou une sensation de liberté ? À chacun la méthode qui lui convient le mieux.

LE CAS D'OLIVIER

Olivier est obligé de prendre fréquemment l'avion pour son travail. Malheureusement, dès qu'il a quitté le plancher des vaches, il panique, il suffoque, il se met à transpirer. Chaque vol est précédé d'une angoisse qu'il ne peut pas surmonter. Il imagine un accident, un trou d'air qui va immanquablement l'écraser au sol dans un fracas épouvantable. Pour tenir le coup, il prend un anxiolytique dès qu'il est installé sur son fauteuil. Hélas, il absorbe ce médicament depuis longtemps et s'y est habitué. Pour se libérer de sa terreur, il reprend un nouveau comprimé à mi-parcours, quand le vol est suffisamment long. Résultat : il oscille entre inquiétude et somnolence, quand il ne dort pas complètement à l'arrivée, au moment où il lui faudrait être en pleine forme pour affronter une réunion importante. Un sophrologue lui apprendra à se représenter visuellement en train de sourire durant les turbulences. Il va l'aider à s'entendre rassurer les autres passagers au moment où l'avion tangue un peu. Le psychothérapeute l'amènera, en même temps, à ressentir un profond bien-être corporel. Spontanément Olivier l'associe à la fête foraine, aux manèges de son enfance qu'il adorait.

Chacun de nous va chercher, dans les visualisations, le type de représentations qui lui paraît le plus efficace. Il n'existe donc pas « d'image miracle ». Il s'agit en tout cas de remplacer les émotions négatives liées à la situation stressante (peur, angoisse, colère) par des émotions positives (plaisir, joie, sérénité).

GÉRER SA VIE AU TRAVAIL (ET À CÔTÉ)

Pour plus de sérénité, ce mode d'emploi d'actif autonome peut très bien s'appliquer aussi à la maison.

Prendre le temps de s'arrêter

❒ Se détendre.

❒ Réfléchir.

❒ Se préparer avant d'agir.

❒ Marquer un temps d'arrêt.

❒ Prendre du recul.

Visualiser sa charge de travail

❒ Se donner, ou exiger d'avoir une vue globale de son emploi du temps.

❒ Mettre en perspective ce qui a été fait et ce qui doit l'être.

❒ Prévoir.

❒ Anticiper.

Consigner plutôt que mémoriser

❒ Établir une liste des choses à faire.

❒ Faire ressortir des priorités.

❒ Établir des grilles de suivi ou cocher la liste.

❒ Lister les améliorations à apporter.

❒ Noter les idées.

❒ Centraliser ces informations dans un planning, un agenda, un tableau.

Préciser les objectifs à atteindre, les projets

❏ S'informer sur les projets de l'entreprise ou administration, des clients ou usagers, des autres services.

Évaluer l'importance des tâches

❏ Mesurer cette importance à court, moyen et long terme.

❏ Établir une échelle de valeurs.

❏ Déterminer le degré d'urgence.

❏ Bien repérer la date d'échéance.

❏ Anticiper le temps nécessaire à la réalisation de chaque tâche.

❏ Bloquer du temps dans son agenda pour les tâches qui exigent de la concentration.

❏ Établir un échéancier réaliste.

Réserver du temps pour les priorités et les urgences

❏ Bloquer du temps sur son agenda pour les priorités.

❏ Noter les urgences en rouge.

❏ Garder une flexibilité pour les imprévus.

Réduire les dérangements

❏ Alterner des périodes de disponibilité et d'isolement (porte ouverte ou fermée, téléphone prêt à répondre ou sur boîte vocale).

❏ Ne pas céder à la dictature du portable.

❏ Prendre des mesures pour ne pas être dérangé.

Déléguer

❏ Établir un réseau de collaborations internes et externes.

❏ Faire confiance à ses collaborateurs et fournisseurs.

❏ Abandonner une position de maîtrise totale.

Se discipliner

❏ Mettre en place des règles de vie et de travail.

❏ Organiser sa journée.

❏ Respecter les horaires, les temps de pause.

❏ Fixer la durée des rendez-vous extérieurs, y compris les déjeuners.

APPRENDRE À SE FAIRE RESPECTER

Le respect est aujourd'hui devenu un passage obligé de toute relation. Autrefois réservé à une élite (les supérieurs, les patrons, les « maîtres »), le respect est aujourd'hui exigé par la quasi-totalité des citoyens, en particulier dans le champ professionnel.

L'espace familial, l'espace scolaire ne sont pas toujours traversés par le respect. Il suffit pour s'en convaincre de lire les faits divers, parfois tragiques, qui emplissent les pages des journaux. Un élève a molesté son prof parce que ses notes ne correspondaient pas à son attente. Ou parce que le prof l'avait « traité », autrement dit maltraité. Les jeunes se disputent et se battent pour des questions de respect dans leurs propos, ou de manières considérées comme inacceptables vis-à-vis de leurs frères et sœurs ou copains. Dans tous les cas, le respect est devenu un souci majeur de notre modernité.

À l'origine, le mot est issu du latin *respicere* qui signifie « regarder en arrière ». Le mot évoque donc une aptitude consistant à examiner le passé afin d'en tirer des conséquences dans le présent. C'est une attitude d'acceptation, de consentement et de considération vis-à-vis d'une personne, d'un événement ou d'une idée. Aucune organisation, qu'il s'agisse de la société civile, de la famille ou du travail, ne saurait échapper à cette exigence. Si des parents, un gouvernement, une direction d'entreprise, toute institution au sens large n'honorent pas cette exigence, le système s'engage dans la coercition, la contrainte, la dictature, voire l'anarchie. Le respect est donc nécessaire dans toutes les relations. Il confère de la valeur aux règles et aux lois édictées dans le passé. Même si le progrès et des changements de ressenti ou de comportement permettent de modifier progressivement ce qui a été appliqué jusqu'ici. Respect d'une promesse, d'une règle du jeu ou d'un contrat : le respect évoque, pour l'employeur comme pour l'employé, la nécessité de se remémorer un engagement pris ensemble sur un poste, une fonction, des consignes à tenir. À titre personnel, il s'appuie sur l'estime, la considération, la déférence que tout être humain doit aux autres.

C'est donnant-donnant

Dans votre travail, vous devez être capable de contester les exigences du chef de service, du contremaître, du chef des ventes. Mais sans pour autant « lui manquer de respect » en lui exposant vos vues d'une façon violente ou plaintive (il existe de nombreuses manières de se montrer agressif !). Dans le même esprit, vous ne devriez jamais accepter une remarque ou un reproche lorsqu'ils sont exprimés sur un mode inadapté. Ni en faire vous-même de manière blessante, et il y en a plusieurs. La brutalité : « Tu ne comprends jamais rien. » Les insinuations : « Évidemment, si tu ne passais pas ton temps à autre chose. » La perversion déguisée en pseudo-gentillesse : « Malheureusement, je sais que tu es compétent, mais tu manques tellement d'idées. » La lamentation : « Je suis bien obligé de réparer tes bêtises. » Vous devez au contraire, à l'intérieur de chaque relation, vous comporter en adulte dans vos propos. Et exiger la même chose de la part de vos interlocuteurs. La position « adulte-adulte », définie par l'analyse transactionnelle, est une posture difficile. Quand vous êtes pris dans vos tensions, vos souvenirs et vos exigences propres, vous avez du mal à faire une remarque à quelqu'un ou à en recevoir une sans y infiltrer une émotion. Exemple caricatural : un collègue entre dans votre bureau pour vous demander l'heure, alors que vous êtes plongé dans un dossier. Position enfant : « Arrête de me déranger pour rien, je ne suis pas une pendule. » Position parent : « Je ne comprends pas pourquoi tu ne t'achètes pas une montre. » Position adulte : « Il est 10 h 20. » Du temps gagné, de l'efficacité… La position adulte peut, de la même manière, vous permettre de faire vos remarques de façon objective, sans agresser l'autre en l'accusant, simplement en signalant un fait regrettable. Votre interlocuteur en tirera lui-même les conclusions : la prochaine fois, il fera d'autant plus attention que vous ne l'aurez pas humilié.

Demander d'être traité avec respect exige de vous que vous fassiez de même avec les autres. La plupart des gens réagissent « en miroir », en résonance avec ce que vous leur dites. Ils reprennent pratiquement vos propos et emploient le même ton. Si vous criez, votre collègue, votre collaborateur vont eux aussi hausser le ton. Si vous êtes dans la jérémiade et les gémissements, votre interlocuteur se calera sur vous. Ou bien il se mettra en « position contraire ». Au hurlement répondra la honte, la soumission. À la complainte répondront une attitude et des propos encore plus engagés dans une position basse. Dans tous les cas, vous n'aurez pas avancé. Chacun se repliera sur un de ses a priori : « Il ne m'aime pas », « Elle ne comprend rien », « Inutile de me décarcasser pour lui faire entendre raison ».

Mais le respect ne doit pas être confondu avec la tolérance. Ce n'est pas parce que vous êtes bienveillant, attentif au bien-être des autres, que vous devez tout accepter… au mépris de ce que vous ressentez. Car de la tolérance au mépris de vous-même et des autres, la marge est faible. Rappelez-vous cette collègue à qui vous n'avez pas osé faire remarquer qu'elle s'esclaffait trop bruyamment, qu'elle parlait tout haut en gênant tout le monde. Résultat : elle continue de vous déranger et vous, vous continuez à la prendre pour une idiote. Le respect se mérite comme il se gagne. Nous devons être à l'écoute de nos besoins et de ceux des autres pour y parvenir. Le respect est synonyme d'une bonne communication, à la fois verticale et horizontale dans un système ouvert et partagé. La démocratie est à ce prix.

LE CAS D'AGNÈS

Agnès est responsable du rayon boucherie-charcuterie dans une grande surface. Elle travaille surtout avec des hommes, d'anciens bouchers et traiteurs qui ont eu leur propre affaire mais ont été obligés de se mettre au service d'un patron. De leur position initiale, ils conservent leur franc-parler, le besoin de se sentir autonomes. Comme ils sont des seniors, ils ont, en outre, du mal à admettre qu'une femme (qui de surcroît n'est pas issue du cénacle) soit leur supérieur. Ils l'aiment bien mais ils la charrient souvent : « Eh, toi, avec tes petits bras, tu n'es même pas capable de soulever une carcasse de bœuf, alors ferme-la. » La plupart du temps Agnès sourit, elle demeure indulgente. Jusqu'à ce qu'un jour elle fasse à l'un de ses employés une remarque sur une pause, jugée un peu longue. Énervé, il lui assène : « Ma salope, quand tu en auras porté autant, tu pourras parler. » Elle convoque l'intéressé et lui inflige un blâme. Résultat : l'équipe ne lui adresse plus la parole pendant huit jours.

À force de souplesse, de tolérance, Agnès n'a pas su prendre la mesure des limites à imposer. Elle s'est maintenue en position d'enfant vis-à-vis d'hommes plus âgés, comme s'ils étaient des pères. Elle a ainsi suscité l'amusement et des critiques fondées sur l'humour, mais non le respect. Elle devra donc se repositionner à une place d'adulte et de supérieur hiérarchique responsable.

RESPECTER LES CODES POUR TROUVER SA PLACE

Même s'il est entendu que « l'habit ne fait pas le moine », les codes vestimentaires contribuent à l'esquisse de notre image professionnelle. Grâce à eux, nous pouvons jouer le rôle attendu. Les avocats portent la robe, les agents de police sont en uniforme, les militaires aussi, et les pompiers comme les gendarmes sont aisément reconnaissables. Cela assoit leur autorité et c'est plus pratique, pour eux-mêmes comme pour ceux qui ont recours à eux. Dans le « civil », ce n'est pas forcément très différent. Les employeurs jugent en principe d'abord la compétence et le contenu du travail. Mais votre façon de paraître, de vous habiller, de vous tenir, vos manières, votre caractère entrent également en ligne de compte. Ne sous-estimez pas ces paramètres, apparemment secondaires et qui ne figurent sur aucun diplôme. Ils peuvent aussi bien vous aider à vous faire adopter dans votre service et à progresser que vous mettre sur la touche. C'est encore plus vrai vis-à-vis des clients. Que penser d'un médecin qui consulterait en tee-shirt décoloré, ou d'un plombier qui viendrait réparer une canalisation en veste de tweed ? On s'en méfierait sûrement et on n'y reviendrait pas. Pas sérieux, il sort d'où, celui-là ? D'où les exigences patronales concernant la tenue dans la restauration, nombre de salons de coiffure et autres commerces, indépendamment des règlements sanitaires.

Des règles non écrites

Dans la plupart des bureaux, même si ce n'est pas formellement demandé, le costume-cravate pour les hommes et une tenue presque aussi classique pour les femmes sont requis. Et plus on monte dans la hiérarchie, plus c'est comme ça. Si on veut y grimper aussi. Ce sont des signes qui montrent que vous respectez le groupe d'humains que vous fréquentez tous les jours. Si vous travaillez dans une boutique de mode, vous devez avoir une tenue cohérente avec ce que vous vendez. Votre présentation peut aussi aider à vous faire respecter : une prof affrontant quotidiennement des élèves impitoyables ne commettra pas deux fois l'erreur de donner un cours en minijupe rose bonbon. Alors que dans certains secteurs comme la pub, le code quasi obligé est celui de la décontraction ; la chemise ouverte sur un tee-shirt et le jean révèlent à leur manière l'esprit moderne et branché de ces secteurs.

Les tenues portées dans le cadre du travail obéissent donc à des règles précises, même si elles ne sont officiellement répertoriées nulle part. Et elles ne sont pas régies seulement par les diktats de la mode : l'échancrure d'un corsage, la longueur d'une jupe, le boutonnage d'un veston obéissent à des préceptes qui, s'ils ne sont pas les bons, vous font rapidement pointer du doigt. Comme un fautif, une personne qui n'appartiendrait pas tout à fait au milieu social dans lequel elle évolue. Donc vous n'avez rien à faire ici. Pas plus qu'un costume trois pièces n'a sa place dans un concert de rap. Là, les baskets de marque, la casquette et le blouson sont aussi nécessaires que la cravate et les cheveux bien peignés d'un présentateur de journal télévisé.

La langue de bois, les mots et les tournures de phrase connus des seuls initiés cadrent de la même façon les relations professionnelles. On « fait partie du bâtiment » parce qu'on maîtrise des compétences mais aussi un discours, des manières d'être ensemble. En ne respectant pas le code vestimentaire ni le bon vocabulaire « codé » indiquant que « vous êtes sur le même bateau », vous vous mettez plus ou moins consciemment en marge. Idem quand votre attitude détonne par rapport au savoir-vivre de votre famille professionnelle : un clerc ne salue pas le notaire en s'écriant « Bonjour, ma poule. » Vous distinguer par trop de familiarité ou de réactions décalées, c'est exactement comme si vous disiez « Je suis au-dessus de vous » ou « Vos valeurs sont sans intérêt ». En se comportant ainsi, on peut dominer les autres à bon compte : il est plus facile de choquer que d'exercer son autorité par le talent, la bienveillance ou l'humour. C'est aussi un moyen facile de se révolter sans le déclarer : les dreadlocks, c'est plus cool à natter, ça dure longtemps, pas besoin de se peigner et ça évite de dire ouvertement « merde » au patron qui vous énerve. Le « petit pervers » de la psychanalyse, « l'enfant rebelle » de l'analyse transactionnelle sont à l'œuvre dans ces pratiques. Ils manifestent votre souci d'emmerder les autres, comme autrefois vous refusiez de faire sur le pot quand on vous le demandait. Mais cela peut vous jouer des tours.

Décoder les codes

Le *dress code* symbolise l'appartenance à un groupe, une organisation. Pour renforcer sa cohésion, gage de réussite, l'entreprise comme l'administration doivent multiplier les manières de faire du lien. Utiliser les règles d'un groupe (et pas seulement en matière de vêtements), c'est souligner son appartenance à ce groupe, voire sa fierté d'être reconnu par ses pairs. Et, nous l'avons vu, nous avons *besoin* de reconnaissance. Attention pourtant à ne pas en faire trop. Tout dépend de l'ambiance du lieu où vous travaillez, du look des responsables. Si votre patronne se prend pour Meryl Streep dans *Le diable s'habille en Prada*, mieux vaut en faire moins qu'elle. Soignez votre mise, mais sans excès. Soyez juste un petit peu « en dessous ».

Côté caractère, les entreprises attendent de leurs employés qu'ils fassent corps avec elles. C'est la « positive attitude » qui distingue les bons soldats des empêcheurs de bien produire. Pour trouver votre place, au-delà des compétences exigées par votre activité, vous devrez souvent vous conformer à une sorte de moule. C'est la fameuse « culture d'entreprise » ou encore l'image que vous offrez à vos clients, si vous en avez. La génération Y (voir p. 85), est précisément le modèle d'un groupe social qui a du mal à se plier aux règles. Résultat : un souffle d'air frais, mais beaucoup d'agacement de part et d'autre.

La fantaisie n'est tolérée qu'en apparence, dans certaines limites. Faire fi des codes est toujours mal vécu par ceux que vous côtoyez tous les jours, collègues ou clients.

LE CAS DE MINA

Mina est éducatrice dans une institution qui accueille des adolescents handicapés âgés de douze à dix-huit ans. La plupart sont en fauteuil roulant. Mina est une très belle jeune femme d'une trentaine d'années, extrêmement coquette. Elle apporte le plus grand soin à ses vêtements et à son maquillage, et change de tenue tous les jours avec brio et fantaisie. Un jour, elle arrive en tailleur pantalon noir, blouse de mousseline et bijoux en or, genre *executive woman*. Le lendemain, en minijupe et cuissardes. Le surlendemain, elle débarque en jupon de broderie anglaise avec haut assorti, petites bretelles et profond décolleté... Ses collègues s'en amusent mais l'éducatrice en chef fronce le nez car les ados, eux, la contemplent en bavant d'envie. Lors d'une fête réunissant les jeunes et le personnel, Mina s'amuse à danser avec l'un d'eux, qui est en fauteuil, en s'asseyant sur ses genoux. Le garçon essaie de l'embrasser, elle le repousse, il hurle, puis fait une crise d'épilepsie. Scandale.

Convoquée par sa responsable, Mina recevra l'ordre d'avoir dorénavant, en toutes circonstances, un maintien et une tenue décents. Furieuse, elle fait appel au délégué du personnel en alléguant le droit des salariés de s'habiller comme ils l'entendent. Il ne la suivra pas.

Le droit du travail est flou sur ce point, car la liberté individuelle peut s'effacer selon les circonstances. Des employeurs, pourtant non soumis à l'uniforme comme l'est la police, exigent une tenue unique pour leur personnel. C'est le cas de certains hôtels et restaurants. Dans le secteur médico-social, la qualité, la pathologie, l'âge des résidents entreront en ligne de compte. Face à des mineurs handicapés, la question de l'amour et de la sexualité est douloureuse parce que difficile. Donc l'adulte qui s'en occupe se doit de ne pas aiguiser leurs fantasmes. Il est là, au contraire, pour poser un cadre, des limites. Il est responsable d'eux devant leurs familles. En « s'offrant », même si ce n'est qu'à leurs yeux, Mina joue un jeu dangereux. Elle donne (donne à voir) et puis elle s'éloigne. Elle revient sur ce qu'elle a donné. Trop immature elle-même, elle ne prend pas conscience de l'immaturité des jeunes, encore renforcée par leur handicap.

LA POSITIVE ATTITUDE

❏ Restez discret : gardez votre vie privée pour vous.

❏ Respectez la confidentialité : la vie des autres leur appartient.

❏ Évitez les familiarités tant verbales que physiques : vous n'avez pas gardé les cochons ensemble.

❏ Soyez d'humeur égale.

❏ N'exportez pas vos conflits personnels au travail.

❏ Pratiquez l'humour avec modération.

SE PROTÉGER DES PERVERS PROFESSIONNELS

Vous avez pris un nouveau poste et vous rencontrez soudain des difficultés relationnelles que vous n'aviez jamais vécues auparavant. Une personne de votre entourage professionnel vous obsède. Homme ou femme, c'est souvent quelqu'un qui a des responsabilités, mais pas forcément. Vous parlez souvent de lui ou d'elle, beaucoup trop. Vous commentez ses faits et gestes. La moindre de ses observations à votre endroit, bonne ou moins bonne, vous impressionne. Vous commencez à vous interroger. Le stress pointe le bout de son nez. Que se passe-t-il ? Quelle est l'influence de cette personne sur vos capacités, dont vous êtes en train de douter ? Sa relation avec les autres, et surtout avec vous, paraît dévastatrice. Votre malaise se matérialise par un manque croissant de confiance en vous. Compétences, qualités humaines, relationnelles, vous vous demandez de quoi vous êtes encore capable. Des troubles physiques apparaissent. Vous avez mal à la tête, vous « digérez » mal (au sens propre comme au figuré), vous pleurez pour un rien.

Attention ! Vous avez peut-être rencontré un pervers narcissique. C'est-à-dire un manipulateur. Expert en harcèlement moral. Comment le reconnaître ? Il ou elle bien entendu : ce peut être une femme aussi bien qu'un homme. Sympathique, plutôt séduisant, toujours séducteur, il semble avoir toutes les qualités. Il est compétent mais modeste. Ou bien autoritaire mais profondément bienveillant, du moins l'affirme-t-il. Il a un souci élevé de son apparence, tant physique que morale. Quelles que soient les circonstances, il essaie d'afficher une image de lui aussi valorisante que possible. Si quelque chose dysfonctionne dans le service, ce ne sera jamais sa faute. Les autres manquent d'expertise. Il est obligé de reprendre le travail derrière eux. D'ailleurs, il se plaint. Des carences de l'organisation, du boss, mais aussi de vous. Avec ses collègues, ses collaborateurs, il alterne la gentillesse et les *scuds*, les compliments et les remarques désobligeantes. Votre chef de service vous a t-il déjà expliqué que, vraiment, votre travail était remarquable, mais qu'il avait constaté récemment une « baisse de régime » ? Il note que vous avez « mauvaise mine ». Il vous demande si vous avez des soucis personnels, il s'apitoie. Il cherche la confidence, tout en faisant remarquer : « En principe, mieux vaut ne pas mélanger le travail et la vie privée. » En fait, il ne s'intéresse absolument pas à ce que vous êtes. Ce que vous pensez lui indiffère. Ce qu'il veut, c'est faire alterner en vous la confiance et la perte de repères, la crainte et le regret. Pourquoi ? Derrière sa perfection apparente se dissimule une absence d'intérêt et d'amour pour tout ce qui n'est pas lui. Il possède un ego surdimensionné, sourd et aveugle. La virtuosité des autres le dérange. Il est et sera toujours le meilleur. Tout individu, surtout s'il a du talent, est un obstacle à sa toute-puissance imaginaire. Cette manière d'être et de se comporter est dans le déni. C'est un mécanisme de défense, c'est-à-dire une protection, théorisée par Freud pour nommer l'existence de faits qui sont à la fois reconnus par un individu et refusés. Le manipulateur perçoit la manière dont il agit, mais il la repousse. Un peu comme si vous voliez un objet dans un magasin en vous disant « Non, ce n'est pas moi qui ai fait ça ».

L'une de ses proies préférées est la personne fragile, celle qui se laisse facilement déstabiliser. Vous peut-être, si vous déprimez déjà dans votre boulot pour toutes les raisons évoquées ailleurs dans ce livre. Mais comment pourriez-vous lui faire de l'ombre ? Justement, vous ne lui en faites pas du tout. Ce n'est pas la question. Simplement, il aime aussi beaucoup jouer au chat et à la souris avec des prises alléchantes. Pour se faire les dents, se maintenir en forme. La relation, il ne connaît pas (la relation est ce qui relie, du latin *religare* qui a donné « religion »). Vous n'êtes pas un sujet pour lui mais un objet, qu'il manœuvre au gré de ses ambitions ou de ses lubies. Le pervers narcissique se pose aussi souvent en victime, surtout si vous vous avisez de mettre au jour ses ruses. Ils prend alors un ton plaintif, il se lamente : « C'est toujours moi qui prends pour les autres », dit-il. C'est un habile comédien : ses traits se creusent, ses yeux se mouillent. Et il trouve souvent quelqu'un de dévoué pour prendre sa défense. Quelqu'un qui risque de devenir sa prochaine victime…

Masquer, diviser, induire, tenir des propos paradoxaux (« Je vous apprécie, même si votre travail laisse à désirer »), utiliser l'autoritarisme, les phrases définitives (« Tu te rends compte de ce que tu me demandes ! »), séduire, calomnier, mentir de façon parfois énorme, se poser en victime, susciter de la dépendance, mettre à mal toute pensée critique : autant de stratégies perverses quand elles deviennent une manière récurrente de fonctionner.

Comment neutraliser un pervers narcissique

Pour se préserver des manipulateurs, il est bien entendu nécessaire de les repérer, à l'aide de ce que vous venez de lire. Ne collez pas pour autant une telle étiquette sur n'importe qui et au moindre symptôme. Chacun de nous utilise de temps à autre de telles stratégies, au travail comme à la maison. Par exemple, quand vous n'arrivez pas à exprimer clairement ce que vous voulez : « Si tu termines tes devoirs, tu pourras manger du chocolat. » Mieux vaudrait dire à votre enfant qu'apprendre est une nécessité et que les parents n'ont pas à se justifier d'exigences normales. Ou bien : « Si tu ne m'appelles pas tous les jours, je finirai par te quitter. » Pourquoi ne pas dire plutôt à votre amoureux qu'entendre sa voix vous fait du bien ? Que ça vous aide à tenir jusqu'au week-end, puisque vous ne le voyez pas de la semaine ?

Mais quand vous repérez ce type de comportement constant chez l'autre, quel qu'il soit, prenez des mesures de sauvegarde. Comme le pervers narcissique manipule la vérité au gré de ses besoins, exigez une confirmation par mail des consignes qu'il vous donne. D'autant qu'il n'est pas à un mensonge près. Le nez sur votre écran, il est capable de s'écrier : « Je me demande comment j'ai pu écrire ça et comment tu as pu en tenir compte » ou : « Tu sais bien qu'en ce moment je suis débordé, tu aurais pu faire attention. » Non seulement il a fait une erreur, mais vous en êtes responsable ! Lisez avec attention tout ce qu'il écrit, c'est le champion du flou, de la confusion. Si vous avez le moindre doute, exigez des explications, une confirmation, toujours par écrit. Lorsqu'il vous demande quelque chose verbalement, il est préférable qu'il y ait des témoins. En principe, ils pourront confirmer ce que vous avez entendu, s'il revient dessus et vous en impute la responsabilité.

Évitez de faire des confidences, de déballer des informations intimes. Il a une très bonne mémoire, elle fait partie de son outillage stratégique. Il se servira de vos révélations en temps opportun, s'il en a besoin. Si vous êtes vraiment obligé de travailler avec lui, mieux vaut conserver une distance raisonnable. Ni trop près ni trop loin, car il vous taxerait alors de pédantisme. Marquez bien les limites de votre territoire : « Nous nous sommes partagé les fichiers clients en fonction des départements, j'aimerais que nous nous y tenions », « En mon absence, je préfère que tu ne prennes pas de rendez-vous pour moi. Je souhaite gérer mon agenda moi-même ».

Il émet souvent des opinions généralistes : « Je ne suis pas sexiste mais je pense sincèrement que les femmes ont moins de résistance physique. » Peu importe l'information officiellement donnée, ce qui compte, c'est le message subliminal qu'il vous envoie : vous n'êtes qu'une femme (ou vous avez l'intention d'en promouvoir une). Quoi qu'il en soit, ne discutez pas sa position. Dites : « C'est ton avis. » Toute discussion sur son opinion du moment risque de vous entraîner sur le chemin glissant des insinuations graveleuses : « Évidemment, tu préfères les bonnes femmes mais, mon vieux, il ne faut pas mélanger le sexe et le travail. » Des phrases basiques sont souvent suffisantes pour apaiser la tension : « C'est votre point de vue », « C'est ce que tu crois », « J'ai une autre opinion ». Elles lui coupent l'herbe sous le pied. Il manque de matériaux pour vous démolir. N'essayez pas de vous justifier. Si vous avez fait une erreur dans votre travail, contentez-vous de le reconnaître simplement. Expliquez posément ce qui s'est passé. De toute façon, il en profitera quand même pour vous décocher des propos assassins, « Tu ne fais jamais attention », ou « Si tu passais moins de temps devant la machine à café ». Faites des phrases courtes pour lui éviter de vous embrouiller avec vos propres incertitudes. Évitez absolument l'agressivité. Sinon, soit il montera sur ses grands chevaux – « Ce n'est pas toi qui décide ici » – soit il se victimisera, « On ne peut jamais rien te dire », « Après tout ce que j'ai fait pour toi ». Dans tous les cas, il vous faudra renoncer à entrer dans une relation, au vrai sens du terme. Enfin, n'hésitez pas à remonter vers la hiérarchie si vous avez le sentiment de ne pas être respecté.

LE CAS DE MARIETTE

Mariette est chef de rang dans un grand restaurant. D'une famille modeste, elle s'est hissée à ce poste grâce à son talent et a une énergie peu commune. Elle en est fière, à juste titre. Malheureusement, l'admiration de ses pairs, la confiance de son manager ne lui suffisent pas. Ce qu'elle vise, c'est la suprématie absolue, la soumission totale de ses collègues. Sa « stratégie », c'est la calomnie et les insinuations qu'elle distille au gré de son humeur. À un cuisinier : « Tu sais combien le chef t'apprécie, mais en ce moment il y a des charrettes dans l'air » (l'information est fausse). À une serveuse : « Tu ne devrais pas t'habiller comme ça, tout le monde jase. » L'ensemble du personnel est en noir et en uniforme, elle fait allusion aux vêtements que la jeune femme remet le soir avant de quitter l'établissement. Vous noterez qu'elle ne cite personne. Le truc du pervers narcissique, ce sont les allusions voilées. La répétition de paroles insidieuses qui sèment le doute.

Convoquée par son manager sur la fausse rumeur concernant des licenciements, Mariette plaidera la fatigue, un « bruit de couloir ».

« Le pervers narcissique (...) aime la controverse, écrit Marie-France Hirigoyen dans son livre Le Harcèlement moral[1]. *Il est capable de soutenir un point de vue un jour et de défendre les idées inverses le lendemain. »*

Le harcèlement moral et la loi

Réflexions aigres-douces, menaces voilées ou directes, ordres et contre-ordres, consignes contradictoires : le harcèlement moral est avéré quand ces agissements se produisent de manière répétitive. En droit, on estime qu'il y a harcèlement moral lorsque ces procédés « ont pour effet de dégrader les conditions de travail en portant atteinte aux droits du salarié au travail, à sa dignité, en altérant sa santé physique et-ou psychique et en compromettant son avenir professionnel ». Ces notions incluent des pratiques exercées par l'employeur, un supérieur hiérarchique ou entre collègues. La loi contre le harcèlement moral protège tous les salariés, dans les secteurs public et privé. Un employeur est tenu de prendre les dispositions nécessaires pour prévenir ces manœuvres. Un salarié qui en est victime ou témoin ne peut être sanctionné : licenciement ou mesures discriminatoires concernant sa rémunération, sa formation, son

---

1. Syros, 1998.

199

reclassement, son affectation, sa promotion, sa mutation ou le renouvellement de son contrat sont interdits. Il peut demander le recours à un médiateur, qui examinera le point de vue des deux parties, harceleur et harcelé, et tentera de trouver un consensus, si c'est possible. Sinon, il est nécessaire de porter l'affaire devant les prud'hommes ou au pénal. En cas de faits avérés, le harceleur est passible de sanctions disciplinaires, d'une sanction pénale qui peut aller jusqu'à un an d'emprisonnement, et de 15 000 euros d'amende.

Conseils aux harcelés

Vous pensez être victime de harcèlement moral ? Ne vous repliez pas sur vous comme si vous étiez coupable. Au contraire, rompez votre isolement, partagez votre sentiment avec des collègues mais aussi des proches. Le silence, le repli sur soi aggraveraient votre sentiment d'injustice et votre souffrance. Et en parler à un tiers vous permettra de faire la part des choses. En ce moment, êtes-vous particulièrement sensible ? Êtes-vous fragilisé par un excès de travail, un souci personnel ? Ou est-ce que ce sont bien les agissements d'une autre personne qui vous brisent ? En parlant, vous pourrez aussi découvrir ou redécouvrir que vous n'êtes pas seul à vivre cette situation. Des collègues se sont déjà plaints du même individu, mais n'ont pas été entendus. N'oubliez pas la règle d'or : l'union fait la force.

Le harcèlement sexuel

En droit français, le harcèlement sexuel désigne des situations dans lesquelles un subordonné ou un collègue – une femme le plus souvent – est soumis à des paroles et des pratiques qui visent à le réduire à son identité sexuelle. Tenue de propos graveleux ou obscènes, mais aussi tentatives de séduction aux allures de forcing, sans tenir compte des réactions de la personne à qui l'on s'adresse comme si elle n'existait pas en tant que sujet. Car, ne l'oublions pas, le harceleur est souvent un manipulateur, pervers ou pervers narcissique, selon la classification psychologique. Certains gestes constituent un cas de harcèlement caractérisé : baisers forcés, caresses furtives ou appuyées, obligation de regarder des pratiques déplacées (se caresser, montrer ses parties génitales). Le harceleur sexuel peut aussi s'en prendre aux inclinations sexuelles de la victime. Par exemple, l'homosexualité d'un collègue dont on soupçonne les penchants. Ou le fait d'utiliser les origines ethniques ou sociales pour désigner des pratiques sexuelles qui y seraient prétendument attachées : « Les musulmans ont forcément plusieurs femmes », « Les Noirs en ont une sacrée… ». Solliciter une faveur sexuelle en échange d'une augmentation de salaire ou d'une promotion constitue également un délit. Tous ces procédés sont réprimés tant par le code du travail que par le code pénal. Le plus difficile pour la victime, dans ce genre d'affaires qui se passent généralement sans témoins, est de réussir à établir la réalité des faits et des paroles. Mais depuis

2003, elle n'a plus besoin de démontrer son absence de consentement aux pratiques dont elle a fait l'objet. Le harceleur présumé doit faire la preuve des éléments objectifs qui auraient pu justifier son comportement. Et une décision rendue le 27 mai 2007 par la Cour de cassation admet que l'usage d'un SMS par le harceleur est de nature à établir les faits.

RESTER HONNÊTE AVEC SOI-MÊME

Le meilleur moyen d'améliorer votre environnement de travail, c'est évidemment d'y apporter votre touche personnelle. Pour y parvenir, vous devez vous sentir à l'aise dans votre job. Quand on n'aime pas son boulot, qu'on a perdu toute confiance en son boss, son équipe ou l'entreprise elle-même, on a du mal à jouer les boute-en-train. Peut-être est-il temps de vous poser des questions de fond sur la manière dont vous fonctionnez vis-à-vis des autres et de vous-même. Et sur ce dont vous avez vraiment envie et besoin, en fonction de votre profil psychologique[1] : depuis combien de temps êtes-vous là ? Êtes-vous satisfait de votre activité, de votre salaire ? Quelle est la qualité de vos relations avec vos collègues, avec la hiérarchie ? Travaillez-vous dans une entreprise familiale qui vous dévore, un groupe important où vous n'êtes qu'un pion, une administration

---

1. Voir p. 204.

passéiste et pesante ? Chaque organisation possède sa culture, une histoire, son fonctionnement propre, ses mythes. L'ambiance qui y règne vous paraît-elle suffisamment bonne, respectueuse des convictions de chacun ? Les conflits de valeur constituent aujourd'hui une raison de plus en plus fréquente à l'émergence du stress. C'est le cas lorsque les exigences de l'emploi se heurtent à vos valeurs morales : par exemple, on vous demande de « faire du fric » par téléphone auprès de clients modestes qui n'ont pas besoin de ce que vous devez essayer de leur faire acheter. Comme vous avez été élevé dans l'honnêteté et le respect de la vérité, ce boulot vous met tous les jours en porte-à-faux avec vous-même. Ou alors vous avez la fibre écolo et prenez tout à coup conscience que votre boîte fabrique des substances toxiques pour la faune et la flore. Même si vous ne travaillez ni dans l'usine chimique ni au service commercial, vous avez un peu honte. Un DRH, qui a choisi ce poste parce qu'il aime les relations humaines, sait qu'il aura à gérer un jour ou l'autre quelques licenciements. Mais de là à gérer « charrette sur charrette », il y a un pas qu'il ne pourra franchir sans violence sur lui-même.

Employé ou patron, nous sommes tous porteurs d'imaginaire et de réalité (observée de notre point de vue), de fantasmes et de désirs inconscients élaborés dans l'enfance. Qui nous freinent ou nous font avancer. Mais cette réalité psychique « intériorisée » n'est encore que très peu prise en compte dans les entreprises et les administrations. Face aux crises, aux relations de service difficiles, au sentiment de ne pas être reconnu à votre juste valeur, on vous offre quoi ? Une sorte de « culturisme mental » : le *défi*, l'*action* et la *motivation*, élevés au rang d'icônes. Ils ne servent au mieux qu'à gonfler l'ego et, au pire, à élargir le fossé entre « ceux qui réussissent » et les « autres ». Dans les années 1990, on sautait à l'élastique et on marchait sur le feu. Aujourd'hui, on vous applique des recettes, des trucs pour traquer les complications du moi. Or, ne tenir compte que des comportements élémentaires et effectifs, en négligeant l'inconscient pour s'en tenir aux apparences, c'est passer à côté de l'essentiel. À chacun de mieux se comprendre pour tenter de faire mieux, et donc d'être mieux.

ANALYSER SON PROFIL PSYCHOLOGIQUE POUR ALLER MIEUX

En essayant de déterminer votre profil psychologique, vous pouvez agir sur votre caractère, modifier votre comportement et mieux communiquer avec votre entourage professionnel. Votre bien-être au travail a tout à y gagner. Le tableau qui suit détaille quelques personnalités difficiles. Si vous vous reconnaissez, au moins en partie, vous pourrez agir sur ce qui rend la vie parfois pénible aux autres, mais aussi à vous-même.

L'AGRESSIF

La vie professionnelle est un combat, votre activité un champ de bataille.

L'ennemi est partout.

Continuellement sur la défensive, vous dégainez le premier.

Vous criez facilement, de peur de passer pour un faible.

Vous avez souvent travaillé dans des secteurs où l'agressivité, « ça fait viril ».

La crainte de vous « faire avoir » est dominante et s'appuie sur le manque de confiance en vous. Vous avez peur, vous vous sentez menacé. Vous avez sans doute manqué de sécurité au cours de votre histoire infantile. Aujourd'hui, le pli est pris.

Comment vous améliorer ?
- Prenez le temps de prendre trois inspirations avant de vous mettre à crier.
- Entraînez-vous à dire ce que vous avez à dire sans hausser le ton.
- Faites des pauses entre chaque phrase et demandez calmement à votre interlocuteur s'il a bien compris.
- Regardez l'autre comme s'il était vous-même. Auriez-vous envie qu'on s'adresse à vous de cette façon ?

Comment bien réagir en face de vous ?
- Intervenir calmement sans hausser la voix : si votre interlocuteur ne répond pas à votre agressivité, le jeu cesse de vous intéresser et vous vous calmez.

205

LE MÉGALOMANE

Votre personnalité est narcissique, autocentrée.

Vous avez besoin d'être admiré.

Vous adorez incarner l'entreprise à vous tout seul.

Vous êtes le meilleur et à la recherche de succès éclatants.

Vous avez sans doute des manques à combler, on ne vous a pas suffisamment reconnu enfant. Ou, au contraire, vous avez été adulé ; aujourd'hui, vous vous êtes installé dans une quête éperdue de cette ancienne reconnaissance.

Comment vous améliorer ?

- Essayez de faire la part des choses : vous ne faites pas tourner l'entreprise tout seul.
- N'oubliez pas de vous appuyer sur les autres si besoin.
- Songez aux erreurs que vous avez commises.

Comment bien réagir en face de vous ?

- Vous admirer.
- Vous montrer que vous avez besoin des autres pour être encore meilleur.
- Ne pas entrer dans de vaines considérations.
- Ne pas présenter d'excuses si l'on n'a pas à le faire.

LE CONSERVATEUR

Vous êtes un angoissé.

Votre force d'inertie est exceptionnelle.

Votre phrase type : « C'était mieux avant. »

Votre opposition au changement est viscérale.

Vos capacités d'adaptation sont faibles.

Vous souffrez d'un manque de confiance en vous-même. Vous avez peur d'avancer, car le changement vous met en danger. Que va-t-il se passer de pénible si vous abandonnez les sentiers que vous connaissez par cœur ?

Comment vous améliorer ?
– Décidez de réaliser quelque chose que vous n'avez jamais fait.
– Modifiez complètement l'agencement de votre espace de travail.
– Changez de look.

Comment bien réagir en face de vous ?
– Argumenter, vous prouver que l'évolution est à votre service.
– Ne pas vous brusquer.
– Vous laisser réfléchir, mijoter.

L'INSATISFAIT

Vous vérifiez chaque détail.

Vous traquez la moindre imperfection, forme et fond : « zéro défaut ».

Vous bombardez les autres de questions.

Vous avez le goût des procédures, des process.

Votre perfectionnisme masque de l'anxiété. Vous craignez de ne jamais être à la hauteur, et vous projetez vos propres inquiétudes sur les autres.

Comment vous améliorer ?
- Décidez que, pour une fois, vous n'allez pas vous replonger dans un dossier que vous connaissez par cœur, à la recherche du petit détail qui aurait pu encore vous échapper.
- Essayez de travailler de manière plus spontanée, sans ligne directrice trop rigide.
- Développez votre intuition au détriment du « tout organisé ».

Comment bien réagir en face de vous ?
- Vous mettre au pied du mur.
- Vous laisser chercher les réponses.
- Faire profil bas.
- Pas de familiarité.

LE DÉBORDÉ

Votre bureau est un capharnaüm.

Votre désordre vous donne une place, vous permet de vous affirmer.

Votre phrase préférée : « Je n'en peux plus. »

Vous craignez sans arrêt de ne pas être pris au sérieux.

Vous êtes un angoissé et vous inoculez votre stress aux autres. Vous fabriquez vous-même votre trop-plein, afin d'être certain de ne pas être dans la vacuité.

Comment vous améliorer ?
- Commencez par ranger votre bureau ou votre atelier. Classez, triez, jetez.

– Prenez conscience qu'en faisant cela vous vous sentez soulagé, et non pas « vide ».

– Dites-vous que les autres vous apprécient pour ce que vous êtes, et non pour ce que vous leur démontrez en étalant vos tâches comme un trophée.

Comment bien réagir en face de vous ?
– Vous offrir du calme.
– Et des programmes bien établis.
– Vous empêcher de paniquer.
– Vous montrer qu'on peut aussi s'organiser pour vous.

LE CRITIQUE

Un côté « démineur », œil acéré, jugement pertinent.
Vous êtes agaçant, car vous trouvez toujours la faille.
Insatisfait chronique, vous pouvez devenir grincheux.
Dénigrer les idées des autres est l'une de vos marottes.
Votre sens critique est aussi une méthode pour renvoyer à l'extérieur de vous les critiques que vous vous faites à vous-même.

Comment vous améliorer ?
– Songez à la phrase de la Bible « Ô juges qui serez jugés »…
– En trouvant la « petite bête » dans le travail d'un collègue, que cherchez-vous ? À améliorer le système ou à prouver que vous êtes le meilleur ?

Comment bien réagir en face de vous ?
– Valoriser votre côté constructif.

209

- Vous montrer combien vos contributions sont utiles.
- Rester dans une position d'écoute, ne pas polémiquer.
- Vous demander quelle est la solution au problème que vous soulevez.
- Et ce que vous préconisez pour remplacer ce que vous désapprouvez.
- Quand vous répétez pour la énième fois que ça ne marchera pas, vous demander quel point précis vous inquiète : le plus souvent c'est un détail.

L'OBSESSIONNEL

Vous êtes un perfectionniste.
Un obstiné.
Assez distant dans vos relations.
Vous doutez de vous.
Vous pouvez du coup adopter une posture arrogante, car vous êtes dans « l'Œuvre » (avec un grand Œ).
Vous êtes très consciencieux mais vous manquez de fantaisie. Avec vous, « l'ordre c'est l'ordre », « les choses sont ce qu'elles doivent être ». Vous vous mettez au placard et vos collaborateurs au musée.

Comment vous améliorer ?
- Introduisez du changement dans vos manies.
- Attachez de l'importance aux suggestions et aux idées des autres.
- Apprenez l'humilité.

Comment bien réagir en face de vous ?
- User d'humour.
- Ne pas vous braquer : de toute façon, vous suivrez votre idée.
- Éviter la familiarité.
- Savoir que trop de contacts vous dérangent.

L'HYSTÉRIQUE

Vous êtes un séducteur (une séductrice).
Vous cherchez à attirer l'attention.
Vos émotions sont fortes et souvent dramatisées.
Vous avez tendance à idéaliser les autres...
Et à les dévaluer assez vite, car votre humeur, vos opinions sont labiles, instables.
Les aléas de votre humeur sont difficiles à suivre. Vous passez du rire aux larmes. Vous vous posez des questions contradictoires. Vos attentes le sont aussi. Normal, vous ne savez pas bien qui vous êtes.

Comment vous améliorer ?
- Développez votre compétence en comptant moins sur votre capacité à séduire.
- Avant de juger quelqu'un, à la hausse ou à la baisse, prenez le temps de réfléchir.
- Apprenez à contrôler votre émotivité.

Comment bien réagir en face de vous ?
- Trouver la bonne distance.
- Éviter le terrain de l'émotion sans tomber dans la froideur.

– Ne pas céder à l'illusion de se séduire mutuellement.
– Savoir que, quand vous retombez sur vos pieds, vous enlevez vos lunettes roses. Vous devenez alors très perspicace.

6

CHANGER DE VIE,
CHANGER DE TRAVAIL

TRAVAILLER CHEZ SOI

Télétravailler, se mettre à son compte d'auto-entrepreneur ou en libéral, c'est tendance, et séduisant. Travailler à la maison apparaît même comme un vrai luxe. Fini le stress, les embouteillages, les trains ratés, le temps perdu. Vous pouvez relire un dossier dans le jardin, récupérer les enfants à l'école, passer voir une copine et prendre un rendez-vous chez le dentiste sans en référer à un chef de service. Mais, car il y a un « mais », le travail à domicile exige de sacrées qualités d'organisation. Et de management familial : comment éviter que vos enfants boulottent votre espace à la fois studieux et psychologique ? Eux, ils ont une idée fixe : une maman ou un papa à eux, et tout le temps disponible. Dans ce contexte, votre bureau est-il fermé ou posé dans un coin du salon ou d'un couloir ? Et même derrière une porte fermée, pourrez-vous les empêcher d'entrer au moindre « Maman, je n'arrive pas à faire mon devoir de maths », « Papa tu veux bien m'aider à réparer mon vélo ? ». Si l'espace est ouvert, c'est pire, vous êtes « exposé » : ils ne croient pas que vous travaillez, même si votre mine concentrée indique le contraire. Comment téléphoner sans être interrompu ? Rester concentré sur l'ordinateur sans être obligé de se lever quand ça hurle à côté ? Naturellement, vous êtes tranquille quand ils sont en classe. Mais aurez-vous le courage de ne pas mettre une machine en route, de ne pas vous lancer dans un peu de repassage urgent pour demain ? Votre conjoint(e) ne travaille peut-être pas non plus à l'extérieur. Il ou elle est dans la même situation professionnelle que vous. Ou bien il ou elle reste à la maison pour l'intendance, rentre assez tôt, travaille à temps partiel. Autant de moments pour profiter de vous. Comment faire comprendre à tout le monde que vous êtes réellement en train de bosser ? Que vous avez besoin de calme et qu'on vous fiche la paix ?

Principes de base :

– Afficher vos horaires à une place visible (entrée, salon).

– Et sur la porte du frigo le planning des tâches à répartir entre conjoint et enfants.

– Entre telle heure et telle heure, sono et télé doivent être réglées à un niveau acceptable.

– Ne jamais céder à une demande (devoirs, courses), sauf urgence vitale (odeur de brûlé, fuite d'eau, chute).

– Fermer la porte (s'il y en a une).

– Sinon, repousser fermement tout « envahisseur ».

Une solitude encombrée

Quand vous travaillez à la maison, la frontière entre vie professionnelle et vie privée est à tracer impérativement. Et matériellement : où allez-vous archiver tout votre équipement professionnel, vos dossiers ? Cela prend de la place. La tenue d'une comptabilité, par exemple, nécessite un classement strict, au même endroit, des factures, des devis, des appels d'offres... Plus toute la paperasse administrative et fiscale. On ne survit pas longtemps avec des cartons à même le sol. Comment maintenir la confidentialité ? Bien sûr l'accès à votre ordinateur peut être codé, mais qu'en est-il de vos appels téléphoniques ? Les uns et les autres ont-ils besoin de savoir que l'entreprise X est en train de déposer le bilan ? En principe, vos proches ne s'y intéressent pas. En principe, ils ne répondent pas non plus à votre place « C'est qui ? » à un appel de ladite entreprise. En principe...

Votre position de travailleur à domicile réclame donc une attention particulière. L'idéal est de disposer d'un bureau bien à soi mais cela ne sera pas suffisant. Prévoyez une ligne téléphonique strictement réservée à vos contacts professionnels. Nul autre que vous n'a de raison d'y répondre. Et affichez vos horaires : entre telle et telle heure, vous n'êtes absolument plus disponible, pour quoi que ce soit. Hormis un accident grave qui aurait pu aussi bien vous rattraper à l'atelier, au magasin ou au bureau, vous restez aux abonnés absents. Si vos proches insistent, posez un verrou à votre porte. Et branchez le répondeur de la ligne téléphonique « familiale » en laissant le haut-parleur quand vous devez vous concentrer sur une urgence. Ainsi vous pourrez répondre s'il le faut vraiment.

Travailleur « invisible » pour vos proches si vous ne mettez pas les points sur les i, vous risquez de le devenir aussi pour votre employeur si vous en avez un. Loin des yeux... loin de la promotion qui pourrait se présenter. On pense moins à vous, c'est sûr, car on ne vous *voit* pas. Pour ne pas vous faire oublier, appelez régulièrement votre boss, maintenez le contact avec vos collègues. Les anciens que vous connaissez bien, mais aussi les nouveaux. Un déjeuner de temps à autre avec l'un d'eux entretient l'amitié, le réseau, peut vous ouvrir à de nouveaux projets. En bref, vous n'êtes pas une taupe. Vous travaillez chez vous, d'accord, mais votre maison n'est pas un terrier. C'est d'autant plus important qu'à vous aussi, le contact manque. Votre vie sociale s'est rétrécie, surtout si vous travailliez auparavant « à l'extérieur ». Vous ne pouvez plus échanger à la cantine sur les uns et les autres, plaisanter sur un collègue particulièrement insupportable. Terminés également les savoureux commentaires sur le maquillage de la standardiste ou les cravates du commercial. Pensez-y et limitez cet enfermement très « cocooning » en faisant l'effort de bouger aussi souvent que possible. Sans répondre systématiquement « Non, je n'ai pas le temps » chaque fois qu'on vous propose un déjeuner, une rencontre ou une réunion. C'est le seul moyen pour ne pas vous enfermer vous-même dans un placard.

La tentation, autre ennemi

Même si personne ne contrôle votre activité au jour le jour, vous devez l'assurer en temps et en heure. La gestion du temps, l'Organisation (avec une majuscule), sont cruciaux. L'autodiscipline doit donc devenir votre devise. Regarder la télé (juste un quart d'heure), appeler une copine (une heure), grignoter (un kilo), remettre à plus tard : autant d'envies qui vont vous traverser souvent l'esprit. Et plus vous vous interdirez d'y succomber, plus vous y penserez. Comme un drogué en manque, prêt à toutes les compromissions, à toutes les mauvaises excuses pour obtenir votre dose de nonchalance : « Ça n'arrive pas souvent », « Je ne parle pas plus de cinq minutes à ma mère », « Si je n'écoute pas les infos cet après-midi, je serais trop crevé(e) pour le faire ce soir ». Un seul credo doit donc vous soutenir : planifier, structurer, ordonner. En programmant tout par écrit, jour par jour avec des impératifs à respecter, et à traiter par ordre d'urgence. À l'efficacité s'ajoute alors l'intense satisfaction de cocher au fur et à mesure quand c'est fait.

À 15 heures, vous avez déjà bouclé vos obligations du jour ? Parfait, vous avez la conscience tranquille. Vous pouvez vous offrir ce luxe de ne plus rien faire jusqu'à ce soir. C'est l'avantage de travailler chez soi.

LE CAS DE FLORENCE

Après dix ans passés au service des achats d'une entreprise, Florence a décidé d'opter pour le télé-travail. Son employeur est d'accord. Elle s'aménage donc un bureau sous les combles de son pavillon. Au début, c'est la fête : elle nettoie le grenier, peint la soupente en blanc, lasure les poutres. Le résultat est à la hauteur de l'investissement familial, car mari et enfants y ont participé. Pourtant, assez vite, des tensions vont émerger. Au retour de l'école, les enfants montent pour un oui, pour un non. Ils aiment la « regarder travailler ». Cette présence amuse d'abord Florence, puis lui pèse. Les enfants posent des questions indiscrètes : « À qui tu écris ? » Ils se chamaillent, elle ne peut plus se concentrer et les renvoie vers leur père quand il est là. Papa n'apprécie guère. Il a besoin de repos après sa journée de labeur. Il crie : « Je veux la paix. » Il râle : « On mange quand ? » car Florence est plutôt du genre « chouette » qui aime bien travailler le soir. L'atmosphère familiale est devenue confuse et tendue.

Même si Florence a un bureau, géographiquement bien à elle, elle n'a pas su instaurer une barrière nette entre son espace professionnel et son espace privé. En tolérant la présence des enfants durant ses heures de travail, elle leur a signifié qu'elle restait leur mère à part entière. Même quand elle était occupée à autre chose. Elle n'a pas pu, pas osé leur poser des limites, se sentant probablement coupable de ne pas leur consacrer toute son énergie. Tant qu'elle allait au bureau, elle se sentait « dégagée », capable de prendre de la distance avec eux : elle n'était pas confrontée directement à leurs demandes. Face à eux elle fond, et redevient une mère à l'ancienne. Elle a aussi omis de régler la question avec son mari, d'instaurer une répartition des tâches et des horaires décidés ensemble. Son mari « déborde » car ils n'ont pas posé leurs limites respectives.

RETROUVER SA VOCATION

C'est un projet que vous avez nourri au seuil de l'adolescence, pendant vos études. Vous étiez sûr de posséder un jour un garage, de devenir artiste, éducateur ou médecin, de vous engager dans une ONG. Puis vous vous êtes marié, un enfant s'est annoncé. Ou bien vous n'avez pas eu les moyens ni le courage de réaliser votre rêve. Aujourd'hui, le temps a passé. Vous avez réussi – ou non – votre carrière. Vous exercez un métier qui vous plaît – ou non. Mais le vieux rêve oublié, consciemment du moins, refait surface. Ce peut être à l'occasion d'une émission de télévision. Vous regardez un reportage sur les enfants handicapés et soudain ressurgit le regret de ce métier qui vous aurait permis de les accompagner. Cela vous émeut, puis vous zappez sur la télécommande. Vous passez à autre chose. Cependant, le souvenir continue de vous tarauder. À quinze ans, vous étiez scout et passiez une partie de vos week-ends à inventer des jeux pour des ados en fauteuil. Vous faites le bilan de votre vie active actuelle, quels qu'en soient les avantages ou les inconvénients, et vous vous tassez sur votre siège. Vous avez l'impression d'être vieux, vieille, d'avoir raté un truc.

Le sens premier du mot vocation, du latin *vocatio*, « appeler », est de nature religieuse et métaphysique. Une personne portée par une vocation est « appelée » par quelque chose qui la dépasse et qui la comble, à l'image du divin. Il ne s'agit pas de foi en Dieu mais de transcendance : ce qui nous amène à nous élever « au-dessus ». C'est dire combien il est difficile d'échapper, définitivement, à une telle invitation. La vocation professionnelle traduit la manifestation aiguë de courants psychologiques profonds, fréquemment oubliés. Si vous avez fantasmé sur un garage, c'est peut-être parce qu'un de vos voisins en avait un, où vous traîniez après la classe. Vous n'en aviez même pas en jouet : vos parents trouvaient plus utile de vous offrir des livres. Quand le raisonnable (les livres) se heurte au rêve (un garage), c'est toujours le second qui l'emporte. Nous sommes les victimes, non conscientes la plupart du temps, de marques souvent indélébiles.

Faire l'expérience de la réalité

Il est donc normal qu'une telle envie persiste. Si c'est la vôtre, il est peut-être temps de penser à sa possible réalisation, en vous interrogeant. Mon désir d'enfant, d'adolescent est-il encore d'actualité ? Mon métier actuel est-il compatible avec une formation ? Suis-je capable de reprendre des études, de m'organiser, de trouver des financements pour mon projet ? Un bon moyen de tester sa vocation est de l'exercer comme bénévole, sur le terrain. Vous rêviez d'être éducateur ? Pourquoi ne pas vous inscrire dans une association ? Vous pourrez y accompagner des jeunes en difficulté, goûter aux prémices de ce métier, vérifier que votre inclination ne s'est pas émoussée avec le temps. Car le chemin est quelquefois long de la coupe aux lèvres. Entre votre fantasme et cette profession que vous magnifiez car vous ne l'avez jamais vraiment expérimentée, il y a peut-être une faille que vous n'aviez pas repérée. Vous pouvez être déçu : hors bénévolat, les éducateurs sont mal payés, les jeunes sont bruyants, demandent beaucoup. Si leur tyrannie vous pèse, au moins aurez-vous fait l'expérience de la réalité. Mais si vous vous sentez dans ce travail comme un poisson dans l'eau, si votre joie de vivre éclate, si vous jubilez, si vous en parlez à tout le monde, foncez ! Essayez de mettre tous les atouts de votre côté pour vous lancer dans votre nouveau « plan travail » : congé individuel de formation, congé sans solde, validation des acquis et des études, formation continue, aide matérielle de vos parents...

« Le plus sûr moyen de vaincre la tentation, c'est d'y succomber », dit un proverbe. Sans doute. À condition de ne pas prendre de trop gros risques. Vous avez actuellement un emploi correct, saurez-vous vous contenter d'un salaire moindre ? Est-ce raisonnable de tout lâcher ainsi ? Le bénévolat peut offrir l'opportunité de réaliser votre rêve d'autrefois sans abandonner votre métier d'aujourd'hui. Il va combler un vide, vous permettre d'échapper au manque tout en maintenant votre sécurité actuelle. Car il s'agit bien de manque : il y a en effet de nombreuses analogies entre vocation et drogue. Regardez les sportifs de haut niveau, les acteurs, les politiques, tous ceux qui ont choisi délibérément une voie et s'y consacrent entièrement. C'est leur passion. Ils se shootent à l'effort. Ils ne pensent qu'à ça. Ils font exploser leur taux d'adrénaline. Leurs endorphines (nos morphines naturelles) font des pics. Ce n'est pas seulement leur esprit qui a besoin du stade, de la scène, du vote de leurs électeurs, c'est leur corps biologique. Dès qu'elle se déclare, la vocation fixe les préférences, les décisions et les rôles qu'une personne décidera d'assumer. L'accomplissement de soi est tout entier engagé dans une seule direction, la vie dirigée dans un seul sens. En cas de pépin ou d'accident, c'est ce sens de la vie qui est perdu. Autrement dit, si retrouver sa vocation peut être une victoire, cela peut aussi réduire votre périmètre d'action. À vous de voir si le jeu en vaut la chandelle. Au fond, une vie « passionnante », du latin *passio* « souffrance », est-elle réellement passionnante, au vrai sens du terme ? Ne risque-t-elle pas de vous enchaîner comme un chien à sa niche ? Posséder plusieurs cordes à son arc, c'est aussi la garantie d'une existence ouverte : en cas de besoin, on peut s'orienter vers autre chose.

TOUT PLAQUER SANS SE PLANTER

Changer de vie, changer de travail, lâcher tout ce qui avait fait notre existence jusque-là : combien sommes-nous à en avoir rêvé ? Lequel d'entre nous peut-il jurer, croix de bois, croix de fer, n'y avoir jamais songé ?

Une rupture professionnelle, un virage pris en cours de route ne sont souvent que des prétextes pour assouvir un besoin plus profond, se réaliser. C'est-à-dire s'assurer qu'on n'est pas passé à côté de quelque chose d'essentiel pour soi. Cette rupture est parfois la réponse possible à un désir avorté ou à une envie abandonnée au bord du chemin. Une de ces vocations restées enfermées dans nos tiroirs mentaux et qui continuent à nous appeler. La crise est loin d'avoir découragé ceux qui aspirent au changement. Dans *Changer de vie. Du break à la reconversion*[1], Catherine Sandner écrit : « Puisque rien n'est vraiment sûr, autant faire ce dont on a vraiment envie. D'ailleurs aujourd'hui, personne ne s'en prive. Tel consultant plaque tout pour devenir moine bouddhiste, les "J'aurais voulu être un artiste" troquent leur tailleur pour le costume de saltimbanque, les Franciliens débarquent par familles entières en province pour se lancer dans les chambres d'hôtes (…). »

L'enfant, dès avant sa naissance, est déjà pris dans les fantasmes de ses parents et de sa famille. On imagine la couleur de ses cheveux, les contours de son visage : « J'espère qu'il ressemblera à ma mère », « Pourvu qu'il n'ait pas le nez de son grand-père ». On lui attribue par avance des aspirations existentielles : « Chez nous, tout le monde est musicien. » Tout ce que les parents n'ont pu réaliser dans leur propre vie – études, métier, vocation – c'est à leur enfant qu'ils vont le demander. Nous

---

1. Hachette pratique, 2008.

l'avons déjà vu : ce dernier est souvent chargé de « réparer » ce qui n'a pu se réaliser dans leur propre existence. Il lui faudra donc une immense énergie pour échapper aux croyances, au discours familial et aux préjugés de son milieu, pour construire son système de valeurs personnelles et ses projets à lui. Nous y parvenons plus ou moins, nous l'avons montré tout au long de ce livre. Tout plaquer, à un moment de sa vie, c'est une manière de secouer le joug, de briser ses chaînes. Ce peut être aussi un retour aux sources, un moyen de renouer avec sa région ou le pays d'origine de ses parents, de retrouver la profession d'un aïeul...

Avec l'affaissement des grands « cadres » comme l'armée, la famille, et l'école qui ne joue plus son rôle d'ascenseur social, la transmission des valeurs traditionnelles et des règles est en déclin. Les couples éclatent. Les familles se décomposent et se recomposent. Tout ce qui constituait un réseau d'échanges et de solidarité jusque dans les années 1970 est devenu plus précaire. Du coup, chacun risque d'être poussé à fabriquer son propre destin. Il faut « s'inventer » soi-même, s'instaurer comme son propre démiurge. Se rater revient à perdre la face. Beaucoup d'entre nous, aujourd'hui, ne cherchent plus forcément à amasser plus d'argent et à gagner le sommet de la pyramide sociale. Ce que nous voulons, c'est nous sentir bien dans notre vie. Au « travailler plus pour gagner plus », nous opposons la qualité de l'existence. Avec un salaire décent, des loisirs, le plaisir de retrouver ceux que nous aimons. « On note là l'émergence d'un nouvel idéal, où ce qui prédomine est de trouver une plénitude au quotidien. En rompant avec le déterminisme familial, social, professionnel, les individus confèrent à leur existence une signification profonde et singulière », ainsi que je l'ai déjà écrit dans un précédent livre : *Changer sa vie.*[1]

Besoin de rompre avec quoi, avec qui ?

Le besoin de tout plaquer pour recommencer ailleurs une existence professionnelle idéale s'inscrit dans ce contexte. Que vous ayez l'impression d'avoir choisi la voie tracée par vos parents ou que vous vous en soyez au contraire éloigné, vous vous demandez peut-être aujourd'hui s'il n'est pas temps de changer de cap. Vous avez envie de vérifier, avec votre expérience d'adulte, ce que vous êtes capable de faire. Devenir votre propre patron, voyager, être un créateur, vous installer à la campagne ou faire le tour du monde, tout cela obéit à la même logique : prendre votre vie en main, agir et non subir, décider et non supporter. Mais avec quoi avez-vous besoin de rompre ? Avec votre métier ou avec votre passé ? Qu'est-ce qui vous donne le sentiment de ne pas être à votre place dans votre existence ? Êtes-vous dans une stratégie d'évitement, avez-vous envie de fuir quelqu'un, quelque chose, vous-même ? Ou bien avez-vous, comme les croyants, entendu votre petite cloche intérieure, l'appel du muezzin à l'heure de la prière ? Pour nombre d'entre nous, le besoin de tout plaquer

---

1. La Martinière, coll. « Il n'est jamais trop tard pour », 2001.

demeure un vœu pieux qui nous sert de viatique, de gri-gri dans les moments pénibles. « Dès que mon fils aura passé son bac, je fais de la production bio à la campagne », « Quand mes parents seront partis, je me lance dans la peinture », « Si je n'avais pas une famille à nourrir, je pourrais monter ma boîte » : autant de petits grains, de perles que nous égrenons sur notre chapelet secret. Ils nous donnent le courage de vivre notre quotidien banal.

Tout plaquer reste une potentialité radicale qui ne se réalisera peut-être jamais. Pour que le couvercle de la marmite saute, il faut très souvent un déclenchement extérieur. Les déclics possibles sont presque toujours les mêmes : le décès d'un proche, une rupture amoureuse, un divorce, le départ d'un enfant, une naissance, une maladie grave à laquelle on a échappé. Si la mort vous a frôlé, votre existence vous paraît sûrement encore plus désirable. Vous n'avez pas envie de la perdre d'une autre manière, en jouant à « saute-envie ». Rien ne vous semble maintenant plus précieux que de vous accorder le bien, et même le meilleur. Les séparations nous privent de ceux que nous aimons ou que nous avons aimés. En cas de divorce, elles créent un vide, de la souffrance ou du soulagement, c'est selon. Mais elles produisent aussi un signe, une invitation au mouvement, un appel d'air.

Le déclic qui dégoupille la grenade peut être aussi parfois un changement dans l'organisation au boulot : l'arrivée d'un nouveau responsable, des horaires modifiés ou la transformation du mode de production.

Michel Macé, auteur de *Le Cheval partenaire. Comprendre la méthode des chuchoteurs*[1], travaillait dans une usine de chaudières en banlieue parisienne. Un beau jour, il a pété les plombs avec l'irruption dans son entreprise de la programmation assistée par ordinateur. « La PAO, ça a tout changé. Avant, nous travaillions dans une ambiance bon enfant. On se levait, on se baladait, on discutait... Soudain, chacun s'est retrouvé derrière un ordinateur. On ne se parlait plus. On ne plaisantait plus. Un matin, j'ai eu un choc. Je me suis dit : je ne vais pas pouvoir passer mes journées entières derrière un écran. L'idée de partir est née, pour moi, ce matin-là. » Il a plaqué son boulot en région parisienne, abandonné son pavillon à peine terminé et est parti vivre dans le Morvan. Là, il a acheté avec sa compagne une maison en ruine, La Vieille Diligence, et des chevaux. Mais il écrit aussi : « La campagne est sinistre quand il pleut. Et le silence, ce silence effrayant et massif, comment l'appréhender ? » Car il ne suffit pas de s'approprier le désert vert, un eldorado écologique, la Nature avec un grand N, pour faire l'expérience de la plénitude. Le bonheur n'est pas toujours au bout du pré. En même temps, il a inventé un nouveau métier, « chuchoteur ». Comme Robert Redford, dans le film *L'Homme qui murmurait à l'oreille des chevaux*, il susurre des mots dans l'oreille de ses bêtes. Il écrit sur « l'équitation éthologique » et a transformé La Vieille Diligence en maison d'hôtes.

---

1. Crépin-Leblond Éditions, 2005.

Comment réussir son envol

Tout plaquer s'instaure comme une sorte de crise. Celle-ci ouvre à un espace de liberté, mais peut aussi vous confronter à l'envers du décor. Pour associer convictions personnelles et mode de vie, mettre au diapason des désirs enfouis et la réalité, il va vous falloir réfléchir, attendre, prendre votre temps. « Ne pas passer à l'acte », comme disent les psy en évoquant des patients qui utilisent leurs poings pour se faire comprendre au lieu d'exprimer verbalement leur mécontentement. Dans une certaine mesure, le souci de la réalisation de soi doit primer sur le contenu de votre projet professionnel. En plaquant tout, vous allez probablement perdre beaucoup : des amis, des appuis, des proches, un salaire plus ou moins convenable, votre toit peut-être. Afin de retrouver vos billes, de gagner mieux, vous allez devoir établir un programme, un business plan. Pas seulement financier : vous êtes-vous assuré du soutien de votre conjoint, des enfants, de quelques membres de votre famille ? Pouvez-vous compter sur l'assistance de votre boss, de certains collègues ? Possédez-vous un peu d'argent d'avance ? Avez-vous songé aux conséquences de votre saut, si vous échouez ou êtes déçu par ce que vous découvrez ? Êtes-vous prêt à supporter des frustrations, des critiques, des relations qui se détournent ? Êtes-vous en mesure d'accepter, expérience faite, que vous vous êtes trompé, afin de revenir en arrière ou de vous inventer un nouveau projet ? Il est possible que vous ne puissiez pas répondre à la totalité de ces questions.

Essayez de vous les poser quand même. Elles ne sont pas destinées à vous décourager, mais au contraire à vous soutenir. « Un homme averti en vaut deux », même si nous ne pouvons pas tout prévoir. À ces interrogations, personne ne répondra pour vous. Vous pouvez évidemment vous faire aider par un proche ou un coach, mais aucun d'entre eux ne peut vous donner la réponse. Ils ne peuvent que vous aider à accoucher de vous-même. En 1902, un militaire, Franz Kappus, s'est demandé s'il devait abandonner la carrière militaire pour se consacrer à l'écriture. Il s'en est ouvert au poète Rainer Maria Rilke qui lui a répondu : « Votre regard est tourné vers l'extérieur, et c'est d'abord cela que vous ne devriez désormais plus faire. Personne ne peut vous conseiller ni vous aider, personne. Il n'y a qu'un seul moyen : plongez en vous-même (…). Avant toute chose, demandez-vous à l'heure la plus tranquille de votre nuit : est-il nécessaire que j'écrive ? Creusez en vous-même en quête d'une réponse profonde. Et si elle devait être positive, si vous étiez fondé à répondre à cette question grave par un puissant et simple : "Je ne peux pas faire autrement", construisez alors votre existence en fonction de cette nécessité. » (*Lettres à un jeune poète*[1].)

Lorsqu'on a la force de modifier complètement son existence, on se sent forcément transformé. Surtout si le changement, en dépit de quelques inévitables vicissitudes, a réussi. Mais il est difficile de tout plaquer sans

---

1. Insel Verlag, 1929.

avoir réfléchi sur soi-même, repensé toute son histoire de vie passée et redéfini, au moins en partie, son identité. En cessant, en partie là aussi, de s'identifier à sa biographie familiale. Elle continue d'exister, nous resterons toujours les fils ou les filles d'Untel et d'Unetelle qui exerçaient tels métiers, mais nous ne serons plus prisonniers de leurs envies et de leurs souhaits. Nous aurons gagné en épaisseur, en sincérité et en liberté.

LE CAS DE HENRY

À la fin des années 1980, Henry Quinson, un golden boy, dépose de curieux messages dans les locaux de la Bourse. On peut y lire « à-Dieu ». Enseignant à Sciences-Po, militant UDF convaincu, il vient de prendre à vingt-huit ans la décision de s'engager dans un monastère... Après cinq années de cloître, il va quitter le monastère sans abandonner la vie religieuse. Il devient « moine des cités » et se consacre à l'enseignement dans les quartiers nord de Marseille. Il écrit : « (...) L'idée de vocation a évolué. Je la percevais au départ comme une nécessité absolue, une forme de soumission à Dieu. Aujourd'hui, j'ai découvert que j'étais libre. J'ai décidé d'inventer ma vie et de créer mon activité en fonction de mes talents. Or je savais par mon expérience que j'étais meilleur dans l'enseignement que dans la fabrication de fromages[1]... »

---

1. *Moine des cités. De Wall Street aux quartiers nord de Marseille*, Nouvelle Cité, 2008.

LE CAS DE LUDOVIC

À vingt-cinq ans, Ludovic n'a jamais voyagé plus loin que sa Bretagne natale. Il m'écrit sur mon site : « (…) Il reste moins de trois semaines avant mon départ pour l'Inde, première étape de mon périple qui me mènera en Asie du Sud-Est, puis en Amérique latine. Je plaque tout. J'ai lâché le studio que je louais. J'ai tout vendu, du canapé-lit à la cuisinière en passant par les fourchettes, les verres et les assiettes. On peut tout vendre sur Internet ! Il y a deux mois, j'ai démissionné de mon emploi. J'étais vendeur dans une librairie. Je veux changer de vie, l'orienter vers l'échange, le voyage, l'aventure. Toutes les découvertes m'intéressent, qu'elles soient humaines, culturelles ou géographiques. Je faisais des économies depuis un an et mes parents m'ont donné un peu d'argent. J'ai le sentiment de ne pas être à ma place. Est-ce une fuite ou une forme d'adolescence prolongée ? »

Ludovic se cherche. Il n'a pas encore trouvé le mode de vie, le métier, l'endroit où il aimerait vraiment vivre. Mais, au lieu de se tourner vers l'intérieur, de s'investiguer, il va chercher à l'extérieur les réponses qui lui font défaut. C'est un réflexe naturel, surtout lorsqu'on est encore très jeune. Trouvera-t-il ce qu'il espère au cours de ses pérégrinations ? Il fera en tout cas des expériences. Ses connaissances vont s'enrichir. Son périple ressemble à une quête initiatique. Il évoque l'échange, l'aventure. Mais il compte, sans le savoir, sur la rencontre avec des épreuves qui le transformeront intérieurement.

En lisant toutes ces expériences, promesses ou mises en garde, vous vous direz sans doute que vous aurez du mal – si vous souhaitez vraiment « tout plaquer » – à évaluer seul votre potentiel de chances. Vous pouvez bien sûr en parler à vos proches, mais ils risquent de raisonner en fonction de leurs propres credos et affects. Que vous vouliez vous installer dans un pays étranger peut leur paraître aberrant, mais ont-ils raison ? N'y aurait-il pas en plus, dans leur désapprobation, un refus de vous voir vous éloigner d'eux ? Et s'ils vous encouragent à « foncer tête baissée », ce qui n'est pas une bonne posture pour voir clair, c'est peut-être pour réaliser – à travers vous – un rêve inassouvi. Toutes ces réactions n'ont pas grand-chose à voir avec votre propre désir.

C'est là – comme dans bien d'autres cas concernant le travail – qu'un coach peut être utile.

POURQUOI FAIRE UN COACHING ?

« Tout ce que je sais, c'est que je ne sais rien. » C'est la formule utilisée par le philosophe grec Socrate, à propos de son enseignement. Socrate ne défend jamais la supériorité de telle doctrine philosophique, d'une théorie ou d'une idée sur les autres. Sa force réside dans l'affirmation qu'il a conscience de son ignorance. Il reprend la maxime située à l'entrée du temple de Delphes « Connais-toi toi-même ». Il l'applique à ses interlocuteurs. Il pense que, tous, nous sommes capables d'apprendre, à condition d'avoir en face de nous une personne susceptible de nous écouter et d'entendre ce que nous disons en intervenant très peu. Il pose des questions à ceux qu'il accompagne de manière à les aider à clarifier leur discours. Il les aide de la sorte à faire émerger des idées dont ils n'avaient pas conscience. Il va tester sa méthode avec l'un de ses esclaves, homme simple qu'il va réussir à faire évoluer. Fils d'une sage-femme, Socrate nommera cette technique la « maïeutique » : l'art de faire accoucher...

Dans une certaine mesure, toutes les techniques d'accompagnement sont issues de sa méthode. Y compris la psychanalyse, même si Freud ne s'y réfère pas expressément. Dès le XIXᵉ siècle, le terme de « coaching » se fait connaître dans le monde du sport. Il va perdurer jusqu'à nos jours. Au départ, le coach est celui qui accompagne un sportif afin de développer ses qualités physiques et psychologiques et de les mettre au service de la discipline qu'il a choisie. Au milieu des années 1850, le mot « coach » est également employé dans les universités anglaises pour désigner une personne qui aide des stagiaires dans la préparation de leurs examens. Dès 1930, on parle déjà de coaching dans le monde de l'entreprise. Un auteur, Gorby, décrit des employés plus âgés qui aident de nouveaux employés à augmenter leurs performances. Peu à peu, la pratique se répand. L'idée de base est que nous construisons notre compréhension du monde grâce à la réflexion sur notre propre expérience. Ce qui est limité. En revanche, si quelqu'un nous aide à mesurer nos erreurs, nos potentiels et nos blocages, nous sommes capables de reconstruire une nouvelle idée du monde, plus souple et plus ouverte. La méthode pourrait assez vite laisser à penser

qu'il s'agit d'une psychothérapie : écouter, peu intervenir, laisser la personne coachée découvrir ses propres
interprétations d'une situation donnée. Nous verrons
plus loin qu'il n'en est rien, même si le coaching s'inscrit
dans le champ du développement personnel.

Un accompagnement personnalisé

En principe, le coaching est un accompagnement qui
ne s'adresse qu'à une seule personne. Cependant, depuis
quelques années, le terme de « coaching d'équipe » est
apparu. Cette formule s'apparente plutôt au *team buil-
ding* : comment fédérer un service, mutualiser des compétences, construire un projet commun.

Dans la plupart des cas, cependant, le coaching est
demandé par un responsable pour un seul de ses collaborateurs, afin d'aider celui-ci dans son activité professionnelle : prendre de nouvelles responsabilités, gérer
une équipe plus importante, apprendre à déléguer mais
aussi travailler son comportement vis-à-vis des autres,
modifier son caractère, gérer son stress… Il n'existe pas
de limites précises à ce qui peut être souhaité. Sachant
tout de même que des troubles graves du caractère –
l'agressivité, la violence – relèvent plutôt d'une psychothérapie. Pourtant, même si le coaching est demandé par
un supérieur hiérarchique, il ne peut pas être imposé. Il
ne doit comporter ni menace ni remise en question du
genre « C'est ça ou la porte ». En effet, le coach ne
pourrait pas aider son client dans ces conditions. Car il
a besoin que le « coaché » lui fasse confiance, qu'il lui

expose ses difficultés en toute liberté. Que le « client » puisse faire sur lui un « transfert » positif. Qu'est-ce que le transfert ? Ce terme a été inventé par Freud pour souligner que, dans n'importe quelle relation, nous projetons sur notre interlocuteur toutes sortes de fantasmes. Lorsque quelqu'un nous est sympathique au premier abord sans que nous le connaissions, c'est que, de manière inconsciente, il nous rappelle quelqu'un d'autre. Un parent, un enseignant, un proche. Toutes les relations de sympathie et d'antipathie spontanées s'inscrivent dans le transfert. Dans un coaching, le prescripteur fixe avec le coaché et le coach les objectifs qu'il souhaite voir atteindre par son collaborateur : améliorer les relations au sein d'une équipe, mieux gérer des conflits entre des personnes. Le coach indique le nombre de séances dont il a besoin (entre cinq et dix d'une durée d'une heure et demie à deux heures) et pose les limites déontologiques de sa pratique : confidentialité absolue, manière dont le prescripteur (et aussi payeur) pourra être informé des progrès réalisés, points essentiels à travailler, timing. Comme c'est le prescripteur qui règle la facture sur le compte de la direction, il a souvent tendance à penser que des informations importantes, voire sensibles, doivent lui être remontées. Il n'en est rien. Un coaching se gère dans une relation à deux. Si le coach estime qu'une information doit être transmise au prescripteur, à lui de travailler la question avec son client. Et c'est ce dernier qui ira voir son boss pour lui parler.

Coaching et psychothérapie

Les psychothérapies se divisent grossièrement en deux : les thérapies comportementales, plutôt courtes, qui servent à éradiquer un problème précis – phobie de l'avion, par exemple ; et les thérapies d'inspiration psychanalytique qui, même si le patient est porteur d'une difficulté particulière, vont l'aider à réfléchir sur l'ensemble de sa vie. Dans les premières, on travaille sur le « comment » : comment me débarrasser de ma peur des araignées ? Et il n'est pas nécessaire d'en comprendre les raisons. Dans les secondes, on travaille sur le « pourquoi » : pourquoi suis-je angoissé par mon chef ? Les thérapies comportementales utilisent des outils psychologiques de désensibilisation : comment me défaire de ma crainte des ascenseurs en m'y confrontant ? Les thérapies d'inspiration psychanalytique investiguent la vie de la personne et fonctionnent sur le transfert : à un moment donné de ma « cure » (c'est le mot qu'on emploie), je vais reporter sur mon psy des situations que j'ai déjà vécues dans le passé. Il va me servir d'écran de cinéma afin de m'aider à projeter sur lui tout ce qui m'a bloqué. Je suis le réalisateur et le caméraman de cette histoire. J'ai écrit le scénario et les dialogues. À lui de m'aider à me réapproprier ce qui, en réalité, me concerne.

La plupart des coachings fonctionnent aussi de cette manière. Le coach écoute, intervient peu, pose néanmoins des questions afin de faire réfléchir son client, ose l'humour, le paradoxe, toujours pour contribuer à la réflexion mais il ne donne jamais de conseils. S'il en reste à la technique « maïeutique », il n'a pas à proprement parler d'outils à proposer. Le client trouve lui-même les réponses parce qu'il est en face de quelqu'un qui l'écoute attentivement, ne l'interrompt pas avec des réflexions intempestives comme dans la « vraie » vie : « Moi, si j'étais à votre place, je ferais... » Nous ne sommes jamais à la place de qui que ce soit. Et c'est la grande force du coach de ne pas jouer les conseilleurs, vous savez, ceux qui ne paient jamais !

En revanche, un point différencie vraiment coaching et psychothérapie : dans le coaching, on ne procède pas à ce qu'on appelle « l'analyse du transfert ». Les raisons pour lesquelles le client a mis son coach à la place de son père, par exemple, ne sont jamais analysées. Le coach travaille d'abord avec la *réalité* de son client, même s'il entend beaucoup d'autres choses. S'il n'existe pas de limites particulières aux objectifs qui vont décider d'un coaching, elles doivent cependant rester dans le champ professionnel. Certes, le coach doit être capable d'entendre des éléments de la vie personnelle qui vont servir de levier au changement. Mais au changement dans le cadre du travail, pas au-delà. On ne peut guère travailler, par exemple, sur l'impossibilité pour un salarié de faire confiance à ses collègues, sans réfléchir sur les causes intimes, anciennes, de ce blocage. Car nous ne naissons pas dans les usines, les magasins ou les bureaux, mais dans une famille avec une histoire, des règles, des ouvertures et des empêchements. Ce qui nous limite dans notre activité s'est construit en amont dans notre biographie familiale, ainsi que nous avons pu le constater tout au long de ce livre. Dans les faits, on coache plutôt les cadres, l'entreprise en attendant un « bénéfice » pour son propre fonctionnement. Mais tout un chacun devrait utilement pouvoir bénéficier d'un coaching.

COACHING MODE D'EMPLOI

❒ Le coaching est généralement prescrit par une entreprise.

❒ C'est elle qui paie.

❒ Les coachs sont inscrits sur des listes professionnelles.

❒ On les trouve aussi sur Internet, mais comme il y a pléthore de titres et de méthodes, il est difficile de s'y retrouver.

❒ Le bouche-à-oreille sert souvent de viatique.

❒ Une séance de coaching (une heure trente à deux heures) coûte entre 300 et 600 euros.

❒ Si l'entreprise refuse la prise en charge, les coachs ajustent leurs prix en fonction des moyens du client, soit 80 à 100 euros pour une heure.

LES DIFFÉRENTS TYPES DE COACHING

❐ Coaching d'intégration : facilitation de la prise de poste après un recrutement (en interne comme en externe).

❐ Coaching de diagnostic : analyse d'une difficulté professionnelle.

❐ Coaching de crise : conflits relationnels, harcèlement, conflits interculturels.

❐ Coaching centré sur la personne : motivation, communication, efficacité, leadership.

❐ Coaching de gestion du stress : souffrance au travail, *burn out*, alcoolodépendance, tabagisme, toxicomanies.

❐ Coaching destiné à accueillir des personnes handicapées dans un service.

❐ Coaching destiné à promouvoir la gestion des risques psychosociaux.

REMERCIEMENTS

Merci à Elsa Lafon, initiatrice de cette nouvelle collection, associant la psychologie à une thématique ; à Marie-France Vigor, ma directrice de collection, qui m'a offert l'opportunité d'être la première auteure à y figurer ; à Gilbert Delos, journaliste, dont les conseils avisés m'ont permis de clarifier mes idées ; à Roland Brunner, psychanalyste, qui m'a régulièrement rappelé les pièges de l'étiquetage des personnes.

REMERCIEMENTS

BIBLIOGRAPHIE

RILKE, Rainer Maria, *Lettres à un jeune poète*, Insel Verlag, Leipzig, 1929.

GAULEJAC, Vincent de, *La Névrose de classe*, Hommes et Groupes Éditeurs, Paris, 1987.

COELHO, Paulo, *L'Alchimiste*, Éditions Anne Carrière, Paris, 1994.

EHRENBERG, Alain, *La Fatigue d'être soi*, Odile Jacob, Paris, 1998.

SCHÜTZENBERGER, Anne Ancelin, *Aïe, mes aïeux !* La Méridienne, Desclée de Brouwer, Paris, 1998.

HIRIGOYEN, Marie-France, *Le Harcèlement moral*, Éditions La Découverte et Syros, Paris, 1998.

SALOMÉ, Jacques, *Oser travailler heureux. Entre prendre et donner*, Christian Potié, Albin Michel, Paris, 2000.

ROUX, Isabelle de, SEGARD, Karine, *La Psychogénéalogie expliquée à tous*, Eyrolles pratique, Paris, 2007.

SANDNER Catherine, *Changer de vie. Du break à la reconversion*, Hachette pratique, Paris, 2008.

QUINSON, Henry, *Moine des cités. De Wall Street aux*

quartiers nord de Marseille, Nouvelle Cité, Bruyères-le-Châtel, 2008.

BRUNNER, Roland, *Psychanalyse des passions dans l'entreprise*, Eyrolles, Paris, 2009.

BOUCHOUX, Jean-Charles, *Les Pervers narcissiques*, Eyrolles, Paris, 2009.

KABAT-ZINN, Jon, *Méditer : 108 leçons de pleine conscience*, Les Arènes, Paris, 2010.

BRUNNER, Roland, *La Psychanalyse expliquée aux managers*, Eyrolles, Paris, 2011.

TABLE DES MATIÈRES

Direction littéraire
Huguette Maure

Composition PCA
44400 – Rezé

 IMPRIM'VERT®

Imprimé en France
par Corlet Imprimeur
14110 Condé sur Noireau
Dépôt légal : août 2011
N° d'impression : 139655
ISBN : 978-2-7499-1481-7
LAF 1463